ACTEURS :

MONSIEUR JOURDAIN, bourgeois.
MADAME JOURDAIN, sa femme.
LUCILE, fille de M. Jourdain.
NICOLE, servante.
CLÉONTE, amoureux de Lucile.
COVIELLE, valet de Cléonte.
DORANTE, comte, amant de Dorimène.
DORIMÈNE, marquise.
MAÎTRE DE MUSIQUE.
ÉLÈVE DU MAÎTRE DE MUSIQUE.
MAÎTRE À DANSER.
MAÎTRE D'ARMES.
MAÎTRE DE PHILOSOPHIE.
MAÎTRE TAILLEUR.
GARÇON TAILLEUR.
DEUX LAQUAIS.
PLUSIEURS MUSICIENS, MUSICIENNES, JOUEURS
D'INSTRUMENTS, DANSEURS, CUISINIERS, GARÇONS
TAILLEURS, ET AUTRES PERSONNAGES DES INTERMÈDES
ET DU BALLET.

La scène est à Paris.

L'ouverture se fait par un grand assemblage d'instruments ; et
dans le milieu du théâtre on voit un élève du Maître de
musique, qui compose sur une table un air que le Bourgeois a
demandé pour une sérénade.

ACTE I, SCÈNE PREMIÈRE

MAÎTRE DE MUSIQUE, MAÎTRE À DANSER, TROIS MUSICIENS, DEUX VIOLONS, QUATRE DANSEURS.

MAÎTRE DE MUSIQUE, parlant à ses Musiciens.- Venez, entrez dans cette salle, et vous reposez là, en attendant qu'il vienne.

MAÎTRE À DANSER, parlant aux Danseurs.- Et vous aussi, de ce côté.

MAÎTRE DE MUSIQUE, à l'Élève.- Est-ce fait ?

L'ÉLÈVE.- Oui.

MAÎTRE DE MUSIQUE.- Voyons... Voilà qui est bien.

MAÎTRE À DANSER.- Est-ce quelque chose de nouveau ?

MAÎTRE DE MUSIQUE.- Oui, c'est un air pour une sérénade, que je lui ai fait composer ici, en attendant que notre homme fût éveillé.

MAÎTRE À DANSER.- Peut-on voir ce que c'est ?

MAÎTRE DE MUSIQUE.- Vous l'allez entendre, avec le dialogue, quand il viendra. Il ne tardera guère.

MAÎTRE À DANSER.- Nos occupations, à vous, et à moi, ne sont pas petites maintenant.

MAÎTRE DE MUSIQUE.- Il est vrai. Nous avons trouvé ici un homme comme il nous le faut à tous deux. Ce nous est une douce rente que ce Monsieur Jourdain, avec les visions de noblesse et de galanterie qu'il est allé se mettre en tête. Et votre danse, et ma musique, auraient à souhaiter que tout le monde lui ressemblât.

MAÎTRE À DANSER.- Non pas entièrement ; et je voudrais pour lui, qu'il se connût mieux qu'il ne fait aux choses que nous lui donnons.

MAÎTRE DE MUSIQUE.- Il est vrai qu'il les connaît mal, mais il les paye bien ; et c'est de quoi maintenant nos arts ont plus besoin, que de toute autre chose.

MAÎTRE À DANSER.- Pour moi, je vous l'avoue, je me repais un peu de gloire. Les applaudissements me touchent ; et je tiens que dans tous les beaux arts, c'est un supplice assez fâcheux, que de se produire à des sots ; que d'essuyer sur des compositions, la barbarie d'un stupide. Il y a plaisir, ne m'en parlez point, à travailler pour des personnes qui soient capables de sentir les délicatesses d'un art ; qui sachent faire un doux accueil aux beautés d'un ouvrage ; et par de chatouillantes approbations, vous régaler [1] de votre travail. Oui, la récompense la plus agréable qu'on puisse recevoir des choses que l'on fait, c'est de les voir connues ; de les voir caressées d'un applaudissement qui vous honore. Il n'y a rien, à mon avis, qui nous paye mieux que cela de toutes nos fatigues ; et ce sont des douceurs exquises, que des louanges éclairées.

MAÎTRE DE MUSIQUE.- J'en demeure d'accord, et je les goûte comme vous. Il n'y a rien assurément qui chatouille davantage que les applaudissements que vous dites ; mais cet encens ne fait pas vivre. Des louanges toutes pures, ne mettent point un homme à son aise : il y faut mêler du solide ; et la meilleure façon de louer, c'est de louer avec les mains [2] . C'est un homme à la vérité dont les lumières sont petites, qui parle à tort et à travers de toutes choses, et n'applaudit qu'à contre-sens ; mais son argent redresse les jugements de son esprit. Il a du discernement dans sa bourse. Ses louanges sont monnayées ; et ce bourgeois ignorant, nous vaut mieux, comme vous voyez, que le grand seigneur éclairé qui nous a introduits ici.

MAÎTRE À DANSER.- Il y a quelque chose de vrai dans ce que vous dites ; mais je trouve que vous appuyez un peu trop sur l'argent ; et l'intérêt est quelque chose de si bas, qu'il ne faut jamais qu'un honnête homme montre pour lui de l'attachement.

MAÎTRE DE MUSIQUE.- Vous recevez fort bien pourtant l'argent que notre homme vous donne.

MAÎTRE À DANSER.- Assurément ; mais je n'en fais pas tout mon bonheur, et je voudrais qu'avec son bien, il eût encore quelque bon goût des choses.

MAÎTRE DE MUSIQUE.- Je le voudrais aussi, et c'est à quoi nous travaillons tous deux autant que nous pouvons. Mais en tout cas il nous donne moyen de nous faire connaître dans le monde ; et il payera pour les autres, ce que les autres loueront pour lui.

MAÎTRE À DANSER.- Le voilà qui vient.

SCÈNE II

MONSIEUR JOURDAIN, DEUX LAQUAIS, MAÎTRE DE MUSIQUE, MAÎTRE À DANSER, VIOLONS, MUSICIENS ET DANSEURS.

MONSIEUR JOURDAIN.- Hé bien, Messieurs ? Qu'est-ce ? Me ferez-vous voir votre petite drôlerie ?

MAÎTRE À DANSER.- Comment ? Quelle petite drôlerie ?

MONSIEUR JOURDAIN.- Eh la... comment appelez-vous cela ? Votre prologue, ou dialogue de chansons et de danse.

MAÎTRE À DANSER.- Ah, ah.

MAÎTRE DE MUSIQUE.- Vous nous y voyez préparés.

MONSIEUR JOURDAIN.- Je vous ai fait un peu attendre, mais c'est que je me fais habiller aujourd'hui comme les gens de qualité ; et mon tailleur m'a envoyé des bas de soie [3] que j'ai pensé ne mettre jamais.

MAÎTRE DE MUSIQUE.- Nous ne sommes ici que pour attendre votre loisir.

MONSIEUR JOURDAIN.- Je vous prie tous deux de ne vous point en aller, qu'on ne m'ait apporté mon habit, afin que vous me puissiez voir.

MAÎTRE À DANSER.- Tout ce qu'il vous plaira.

MONSIEUR JOURDAIN.- Vous me verrez équipé comme il faut, depuis les pieds jusqu'à la tête.

MAÎTRE DE MUSIQUE.- Nous n'en doutons point.

MONSIEUR JOURDAIN.- Je me suis fait faire cette indienne-ci [4] .

MAÎTRE À DANSER.- Elle est fort belle.

MONSIEUR JOURDAIN.- Mon tailleur m'a dit que les gens de qualité étaient comme cela le matin.

MAÎTRE DE MUSIQUE.- Cela vous sied à merveille.

MONSIEUR JOURDAIN.- Laquais, holà, mes deux laquais.

PREMIER LAQUAIS.- Que voulez-vous, Monsieur ?

MONSIEUR JOURDAIN.- Rien. C'est pour voir si vous m'entendez bien. Aux deux Maîtres. Que dites-vous de mes livrées ?

MAÎTRE À DANSER.- Elles sont magnifiques.

MONSIEUR JOURDAIN. Il entr'ouvre sa robe, et fait voir un haut-de-chausses étroit de velours rouge, et une camisole de velours vert, dont il est vêtu.- Voici encore un petit déshabillé pour faire le matin mes exercices.

MAÎTRE DE MUSIQUE.- Il est galant.

MONSIEUR JOURDAIN.- Laquais.

PREMIER LAQUAIS.- Monsieur.

MONSIEUR JOURDAIN.- L'autre laquais.

SECOND LAQUAIS.- Monsieur.

MONSIEUR JOURDAIN.- Tenez ma robe. Me trouvez-vous bien comme cela ?

MAÎTRE À DANSER.- Fort bien. On ne peut pas mieux.

MONSIEUR JOURDAIN.- Voyons un peu votre affaire.

MAÎTRE DE MUSIQUE.- Je voudrais bien auparavant vous faire entendre un air qu'il vient de composer pour la sérénade que vous m'avez demandée. C'est un de mes écoliers, qui a pour ces sortes de choses un talent admirable.

MONSIEUR JOURDAIN.- Oui ; mais il ne fallait pas faire faire cela par un écolier ; et vous n'étiez pas trop bon vous-même pour cette besogne-là.

MAÎTRE DE MUSIQUE.- Il ne faut pas, Monsieur, que le nom d'écolier vous abuse. Ces sortes d'écoliers en savent autant que les plus grands maîtres, et l'air est aussi beau qu'il s'en puisse faire. Écoutez seulement.

MONSIEUR JOURDAIN.- Donnez-moi ma robe pour mieux entendre... Attendez, je crois que je serai mieux sans robe... Non, redonnez-la-moi, cela ira mieux.

MUSICIEN, chantant [5] .-

Je languis nuit et jour, et mon mal est extrême,
Depuis qu'à vos rigueurs vos beaux yeux m'ont soumis :
Si vous traitez ainsi, belle Iris, qui vous aime,
Hélas ! que pourriez-vous faire à vos ennemis ?

MONSIEUR JOURDAIN.- Cette chanson me semble un peu lugubre, elle endort, et je voudrais [6] que vous la pussiez un peu ragaillardir par-ci, par-là.

MAÎTRE DE MUSIQUE.- Il faut, Monsieur, que l'air soit accommodé aux paroles.

MONSIEUR JOURDAIN.- On m'en apprit un tout à fait joli il y a quelque temps. Attendez... Là... comment est-ce qu'il dit ?

MAÎTRE À DANSER.- Par ma foi, je ne sais.

MONSIEUR JOURDAIN.- Il y a du mouton dedans.

MAÎTRE À DANSER.- Du mouton ?

MONSIEUR JOURDAIN.- Oui. Ah.
Monsieur Jourdain chante.

Je croyais Janneton
Aussi douce que belle ;
Je croyais Janneton
Plus douce qu'un mouton :
Hélas ! hélas !
Elle est cent fois, mille fois plus cruelle,
Que n'est le tigre aux bois.

N'est-il pas joli [7] ?

MAÎTRE DE MUSIQUE.- Le plus joli du monde.

MAÎTRE À DANSER.- Et vous le chantez bien.

MONSIEUR JOURDAIN.- C'est sans avoir appris la musique.

MAÎTRE DE MUSIQUE.- Vous devriez l'apprendre, Monsieur, comme vous faites la danse. Ce sont deux arts qui ont une étroite liaison ensemble.

MAÎTRE À DANSER.- Et qui ouvrent l'esprit d'un homme aux belles choses.

MONSIEUR JOURDAIN.- Est-ce que les gens de qualité apprennent aussi la musique ?

MAÎTRE DE MUSIQUE.- Oui, Monsieur.

MONSIEUR JOURDAIN.- Je l'apprendrai donc. Mais je ne sais quel temps je pourrai prendre ; car outre le Maître d'armes qui me montre, j'ai arrêté [i] encore un Maître de philosophie qui doit commencer ce matin.

MAÎTRE DE MUSIQUE.- La philosophie est quelque chose ; mais la musique, Monsieur, la musique...

MAÎTRE À DANSER.- La musique et la danse... La musique et la danse, c'est là tout ce qu'il faut.

MAÎTRE DE MUSIQUE.- Il n'y a rien qui soit si utile dans un État, que la musique.

MAÎTRE À DANSER.- Il n'y a rien qui soit si nécessaire aux hommes, que la danse.

MAÎTRE DE MUSIQUE.- Sans la musique, un État ne peut subsister.

MAÎTRE À DANSER.- Sans la danse, un homme ne saurait rien faire.

MAÎTRE DE MUSIQUE.- Tous les désordres, toutes les guerres qu'on voit dans le monde, n'arrivent que pour n'apprendre pas la musique.

MAÎTRE À DANSER.- Tous les malheurs des hommes, tous les revers funestes dont les histoires sont remplies, les bévues des politiques, et les manquements [8] des grands capitaines, tout cela n'est venu que faute de savoir danser.

MONSIEUR JOURDAIN.- Comment cela ?

MAÎTRE DE MUSIQUE.- La guerre ne vient-elle pas d'un manque d'union entre les hommes ?

MONSIEUR JOURDAIN.- Cela est vrai.

MAÎTRE DE MUSIQUE.- Et si tous les hommes apprenaient la musique, ne serait-ce pas le moyen de s'accorder ensemble, et de voir dans le monde la paix universelle ?

MONSIEUR JOURDAIN.- Vous avez raison.

MAÎTRE À DANSER.- Lorsqu'un homme a commis un manquement dans sa conduite, soit aux affaires de sa famille, ou au gouvernement d'un État, ou au commandement d'une armée, ne dit-on pas toujours : "Un tel a fait un mauvais pas dans une telle affaire [9] " ?

MONSIEUR JOURDAIN.- Oui, on dit cela.

MAÎTRE À DANSER.- Et faire un mauvais pas, peut-il procéder d'autre chose que de ne savoir pas danser ?

MONSIEUR JOURDAIN.- Cela est vrai, vous avez raison tous deux.

MAÎTRE À DANSER.- C'est pour vous faire voir l'excellence et l'utilité de la danse et de la musique.

MONSIEUR JOURDAIN.- Je comprends cela à cette heure.

MAÎTRE DE MUSIQUE.- Voulez-vous voir nos deux affaires ?

MONSIEUR JOURDAIN.- Oui.

MAÎTRE DE MUSIQUE.- Je vous l'ai déjà dit, c'est un petit essai que j'ai fait autrefois des diverses passions que peut exprimer la musique.

MONSIEUR JOURDAIN.- Fort bien.

MAÎTRE DE MUSIQUE.- Allons, avancez. Il faut vous figurer qu'ils sont habillés en bergers.

MONSIEUR JOURDAIN.- Pourquoi toujours des bergers ? On ne voit que cela partout.

MAÎTRE À DANSER.- Lorsqu'on a des personnes à faire parler en musique, il faut bien que pour la vraisemblance on donne dans la bergerie. Le chant a été de tout temps affecté aux bergers ; et il n'est guère naturel en dialogue, que des princes, ou des bourgeois chantent leurs passions.

MONSIEUR JOURDAIN.- Passe, passe. Voyons.

DIALOGUE EN MUSIQUE

UNE MUSICIENNE ET DEUX MUSICIENS [10]

Un cœur, dans l'amoureux empire,
De mille soins est toujours agité :
On dit qu'avec plaisir on languit, on soupire ;
Mais, quoi qu'on puisse dire,
Il n'est rien de si doux que notre liberté.

PREMIER MUSICIEN

Il n'est rien de si doux que les tendres ardeurs
Qui font vivre deux cœurs
Dans une même envie :
On ne peut être heureux sans amoureux désirs ;
Ôtez l'amour de la vie,
Vous en ôtez les plaisirs.

SECOND MUSICIEN

Il serait doux d'entrer sous l'amoureuse loi,
Si l'on trouvait en amour de la foi :
Mais hélas, ô rigueur cruelle,
On ne voit point de bergère fidèle ;
Et ce sexe inconstant, trop indigne du jour,
Doit faire pour jamais renoncer à l'amour.

PREMIER MUSICIEN

Aimable ardeur !

MUSICIENNE

Franchise [11] heureuse !

SECOND MUSICIEN

Sexe trompeur !

PREMIER MUSICIEN

Que tu m'es précieuse !

MUSICIENNE

Que tu plais à mon cœur !

SECOND MUSICIEN

Que tu me fais d'horreur !

PREMIER MUSICIEN

Ah ! quitte pour aimer, cette haine mortelle !

MUSICIENNE

On peut, on peut te montrer
Une bergère fidèle.

SECOND MUSICIEN

Hélas ! où lu rencontrer ?

MUSICIENNE

Pour défendre notre gloire,
Je te veux offrir mon cœur.

SECOND MUSICIEN

Mais, bergère, puis-je croire
Qu'il ne sera point trompeur ?

MUSICIENNE

Voyons par expérience
Qui des deux aimera mieux.

SECOND MUSICIEN

Qui manquera de constance,
Le puissent perdre les Dieux.

TOUS TROIS

À des ardeurs si belles
Laissons-nous enflammer ;

Ah ! qu'il est doux d'aimer,
Quand deux cœurs sont fidèles !

MONSIEUR JOURDAIN.- Est-ce tout ?

MAÎTRE DE MUSIQUE.- Oui.

MONSIEUR JOURDAIN.- Je trouve cela bien troussé, et il y a là dedans de petits dictons [12] assez jolis.

MAÎTRE À DANSER.- Voici pour mon affaire, un petit essai des plus beaux mouvements, et des plus belles attitudes dont une danse puisse être variée.

MONSIEUR JOURDAIN.- Sont-ce encore des bergers ?

MAÎTRE À DANSER.- C'est ce qu'il vous plaira. Allons.

Quatre danseurs exécutent tous les mouvements différents, et toutes les sortes de pas que le Maître à Danser leur commande ; et cette danse fait le premier intermède.

[1] *Régaler* : récompenser.

[2] Allusion aux mains qui donnent de l'argent, et non à celles qui applaudissent.

[3] La soie est fort chère au XVIIe siècle, et un bourgeois n'en porte généralement pas.

[4] *Cette indienne-ci* : une robe de chambre faite d'étoffes indiennes, c'est-à-dire de toiles peintes venues de l'Inde.

[5] Cette sérénade est composée par une musicienne, Mlle Hilaire, qui chantait sans doute en travesti.

[6] VAR. Cette chanson me semble un peu lugubre, elle endort ; je voudrais que... (1682).

[7] Le pronom *Il* est neutre : n'est-ce pas joli ?

[i] Arrêter se dit "d'un domestique qu'on retient à son service. *Arrêter un laquais, une servante*" (Dictionnaire de l'Académie, 1694).

[8] *Manquements* : fautes.

[9] Les guillemets sont ajoutés par nous.

[10] C'est la musicienne qui chante le premier couplet, d'après la partition.

[11] *Franchise* : liberté.

[12] *Un dicton* : est "soit un proverbe, soit le mot d'un emblême, soit un mot piquant" (Dictionnaire de Furetière, 1690).

ACTE II, SCÈNE PREMIÈRE

MONSIEUR JOURDAIN, MAÎTRE DE MUSIQUE, MAÎTRE À DANSER, LAQUAIS.

MONSIEUR JOURDAIN.- Voilà qui n'est point sot, et ces gens-là se trémoussent bien.

MAÎTRE DE MUSIQUE.- Lorsque la danse sera mêlée avec la musique, cela fera plus d'effet encore, et vous verrez quelque chose de galant dans le petit ballet que nous avons ajusté pour vous.

MONSIEUR JOURDAIN.- C'est pour tantôt au moins [1] ; et la personne pour qui j'ai fait faire tout cela, me doit faire l'honneur de venir dîner céans.

MAÎTRE À DANSER.- Tout est prêt.

MAÎTRE DE MUSIQUE.- Au reste, Monsieur, ce n'est pas assez, il faut qu'une personne comme vous, qui êtes magnifique, et qui avez de l'inclination pour les belles choses, ait un concert de musique chez soi tous les mercredis, ou tous les jeudis.

MONSIEUR JOURDAIN.- Est-ce que les gens de qualité en ont ?

MAÎTRE DE MUSIQUE.- Oui, Monsieur.

MONSIEUR JOURDAIN.- J'en aurai donc. Cela sera-t-il beau ?

MAÎTRE DE MUSIQUE.- Sans doute. Il vous faudra trois voix, un dessus [2] , une haute-contre, et une basse, qui seront accompagnées d'une basse de viole [i] , d'un théorbe [i] , et d'un clavecin pour les basses continues, avec deux dessus de violon pour jouer les ritornelles.

MONSIEUR JOURDAIN.- Il y faudra mettre aussi une trompette marine [3] . La trompette marine est un instrument qui me plaît, et qui est harmonieux.

MAÎTRE DE MUSIQUE.- Laissez-nous gouverner les choses.

MONSIEUR JOURDAIN.- Au moins, n'oubliez pas tantôt de m'envoyer des musiciens, pour chanter à table.

MAÎTRE DE MUSIQUE.- Vous aurez tout ce qu'il vous faut.

MONSIEUR JOURDAIN.- Mais surtout, que le ballet soit beau.

MAÎTRE DE MUSIQUE.- Vous en serez content, et entre autres choses de certains menuets que vous y verrez.

MONSIEUR JOURDAIN.- Ah les menuets [4] sont ma danse, et je veux que vous me les voyiez danser. Allons, mon maître.

MAÎTRE À DANSER.- Un chapeau, Monsieur, s'il vous plaît. La, la, la ; la, la, la, la, la, la ; la, la, la, bis ; la, la, la ; la, la. En cadence, s'il vous plaît. La, la, la, la. La jambe droite. La, la, la. Ne remuez point tant les épaules. La, la, la, la, la ; la, la, la, la, la. Vos deux bras sont estropiés. La, la, la, la, la. Haussez la tête. Tournez la pointe du pied en dehors. La, la, la. Dressez votre corps.

MONSIEUR JOURDAIN.- Euh ?

MAÎTRE DE MUSIQUE.- Voilà qui est le mieux du monde.

MONSIEUR JOURDAIN.- À propos. Apprenez-moi comme il faut faire une révérence pour saluer une marquise ; j'en aurai besoin tantôt.

MAÎTRE À DANSER.- Une révérence pour saluer une marquise ?

MONSIEUR JOURDAIN.- Oui. une marquise qui s'appelle Dorimène.

MAÎTRE À DANSER.- Donnez-moi la main.

MONSIEUR JOURDAIN.- Non. Vous n'avez qu'à faire, je le retiendrai bien.

MAÎTRE À DANSER.- Si vous voulez la saluer avec beaucoup de respect, il faut faire d'abord une révérence en arrière, puis marcher vers elle avec trois révérences en avant, et à la dernière vous baisser jusqu'à ses genoux.

MONSIEUR JOURDAIN.- Faites un peu ? Bon.

PREMIER LAQUAIS.- Monsieur, voilà votre maître d'armes qui est là [5] .

MONSIEUR JOURDAIN.- Dis-lui qu'il entre ici pour me donner leçon. Je veux que vous me voyiez faire.

SCÈNE II

MAÎTRE D'ARMES, MAÎTRE DE MUSIQUE, MAÎTRE À DANSER, MONSIEUR JOURDAIN, DEUX LAQUAIS.

MAÎTRE D'ARMES, après lui avoir mis le fleuret à la main.- Allons, Monsieur, la révérence. Votre corps droit. Un peu penché sur la cuisse gauche. Les jambes point tant écartées. Vos pieds sur une même ligne. Votre poignet à l'opposite de votre hanche. La pointe de votre épée vis-à-vis de votre épaule. Le bras pas tout à fait si étendu. La main gauche à la hauteur de l'œil. L'épaule gauche plus quartée [i] . La tête droite. Le regard assuré. Avancez. Le corps ferme. Touchez-moi l'épée de quarte, et achevez de même. Une, deux. Remettez-vous. Redoublez de pied ferme. Un saut [6] en arrière. Quand vous portez la botte [7] , Monsieur, il faut que l'épée parte la première, et que le corps soit bien effacé. Une, deux. Allons, touchez-moi l'épée de tierce, et achevez de même. Avancez. Le corps ferme. Avancez. Partez de là. Une, deux. Remettez-vous. Redoublez. Un saut [8] en arrière. En garde, Monsieur, en garde.

Le Maître d'armes lui pousse deux ou trois bottes, en lui disant, "En garde".

MONSIEUR JOURDAIN.- Euh ?

MAÎTRE DE MUSIQUE.- Vous faites des merveilles.

MAÎTRE D'ARMES.- Je vous l'ai déjà dit ; tout le secret des armes ne consiste qu'en deux choses, à donner, et à ne point recevoir : et comme je vous fis voir l'autre jour par raison démonstrative, il est impossible que vous receviez, si vous savez détourner l'épée de votre ennemi de la ligne de votre corps ; ce qui ne dépend seulement que d'un petit mouvement du poignet ou en dedans, ou en dehors.

MONSIEUR JOURDAIN.- De cette façon donc un homme, sans avoir du cœur [9] , est sûr de tuer son homme, et de n'être point tué.

MAÎTRE D'ARMES.- Sans doute. N'en vîtes-vous pas la démonstration ?

MONSIEUR JOURDAIN.- Oui.

MAÎTRE D'ARMES.- Et c'est en quoi l'on voit de quelle considération nous autres nous devons être dans un État [10] , et combien la science des armes l'emporte hautement sur toutes les autres sciences inutiles, comme la danse, la musique, la...

MAÎTRE À DANSER.- Tout beau, Monsieur le tireur d'armes. Ne parlez de la danse qu'avec respect.

MAÎTRE DE MUSIQUE.- Apprenez, je vous prie, à mieux traiter l'excellence de la musique.

MAÎTRE D'ARMES.- Vous êtes de plaisantes gens, de vouloir comparer vos sciences à la mienne !

MAÎTRE DE MUSIQUE.- Voyez un peu l'homme d'importance !

MAÎTRE À DANSER.- Voilà un plaisant animal, avec son plastron !

MAÎTRE D'ARMES.- Mon petit maître à danser, je vous ferais danser comme il faut. Et vous, mon petit musicien, je vous ferais chanter de la belle manière.

MAÎTRE À DANSER.- Monsieur le batteur de fer, je vous apprendrai votre métier.

MONSIEUR JOURDAIN, au Maître à danser.- Êtes-vous fou de l'aller quereller, lui qui entend la tierce et la quarte, et qui sait tuer un homme par raison démonstrative ?

MAÎTRE À DANSER.- Je me moque de sa raison démonstrative, et de sa tierce, et de sa quarte.

MONSIEUR JOURDAIN.- Tout doux, vous dis-je.

MAÎTRE D'ARMES.- Comment ? petit impertinent.

MONSIEUR JOURDAIN.- Eh mon Maître d'armes.

MAÎTRE À DANSER.- Comment ? grand cheval de carrosse.

MONSIEUR JOURDAIN.- Eh mon Maître à danser.

MAÎTRE D'ARMES.- Si je me jette sur vous...

MONSIEUR JOURDAIN.- Doucement.

MAÎTRE À DANSER.- Si je mets sur vous la main...

MONSIEUR JOURDAIN.- Tout beau.

MAÎTRE D'ARMES.- Je vous étrillerai d'un air...

MONSIEUR JOURDAIN.- De grâce.

MAÎTRE À DANSER.- Je vous rosserai d'une manière...

MONSIEUR JOURDAIN.- Je vous prie.

MAÎTRE DE MUSIQUE.- Laissez-nous un peu lui apprendre à parler.

MONSIEUR JOURDAIN.- Mon Dieu. arrêtez-vous.

SCÈNE III

MAÎTRE DE PHILOSOPHIE, MAÎTRE DE MUSIQUE, MAÎTRE À DANSER, MAÎTRE D'ARMES, MONSIEUR JOURDAIN, LAQUAIS.

MONSIEUR JOURDAIN.- Holà, Monsieur le philosophe, vous arrivez tout à propos avec votre philosophie. Venez un peu mettre la paix entre ces personnes-ci.

MAÎTRE DE PHILOSOPHIE.- Qu'est-ce donc ? Qu'y a-t-il, Messieurs ?

MONSIEUR JOURDAIN.- Ils se sont mis en colère pour la préférence de leurs professions, jusqu'à se dire des injures, et en vouloir venir aux mains.

MAÎTRE DE PHILOSOPHIE.- Hé quoi, Messieurs, faut-il s'emporter de la sorte ? et n'avez-vous point lu le docte traité que Sénèque a composé, de la colère ? Y a-t-il rien de plus bas et 'e plus honteux, que cette passion, qui fait d'un homme une bête féroce ? et la raison ne doit-elle pas être maîtresse de tous nos mouvements ?

MAÎTRE À DANSER.- Comment, Monsieur, il vient nous dire des injures à tous deux, en méprisant la danse que j'exerce, et la musique dont il fait profession ?

MAÎTRE DE PHILOSOPHIE.- Un homme sage est au-dessus de toutes les injures qu'on lui peut dire ; et la grande réponse qu'on doit faire aux outrages, c'est la modération, et la patience.

MAÎTRE D'ARMES.- Ils ont tous deux l'audace, de vouloir comparer leurs professions à la mienne.

MAÎTRE DE PHILOSOPHIE.- Faut-il que cela vous émeuve ? Ce n'est pas de vaine gloire, et de condition [11] , que les hommes doivent disputer entre eux ; et ce qui nous distingue parfaitement les uns des autres, c'est la sagesse, et la vertu.

MAÎTRE À DANSER.- Je lui soutiens que la danse est une science à laquelle on ne peut faire assez d'honneur.

MAÎTRE DE MUSIQUE.- Et moi, que la musique en est une que tous les siècles ont révérée.

MAÎTRE D'ARMES.- Et moi, je leur soutiens à tous deux, que la science de tirer des armes, est la plus belle et la plus nécessaire de toutes les sciences.

MAÎTRE DE PHILOSOPHIE.- Et que sera donc la philosophie ? Je vous trouve tous trois bien impertinents, de parler devant moi avec cette arrogance ; et de donner impudemment le nom de science à des choses que l'on ne doit pas même honorer du nom d'art, et qui ne peuvent être comprises que sous le nom de métier misérable de gladiateur, de chanteur, et de baladin !

MAÎTRE D'ARMES.- Allez, philosophe de chien.

MAÎTRE DE MUSIQUE.- Allez, belître [12] de pédant.

MAÎTRE À DANSER.- Allez, cuistre fieffé.

MAÎTRE DE PHILOSOPHIE.- Comment ? marauds que vous êtes...

Le philosophe se jette sur eux, et tous trois le chargent de coups, et sortent en se battant.

MONSIEUR JOURDAIN.- Monsieur le philosophe.

MAÎTRE DE PHILOSOPHIE.- Infâmes ! coquins ! insolents !

MONSIEUR JOURDAIN.- Monsieur le philosophe.

MAÎTRE D'ARMES.- La peste l'animal !

MONSIEUR JOURDAIN.- Messieurs.

MAÎTRE DE PHILOSOPHIE.- Impudents !

MONSIEUR JOURDAIN.- Monsieur le philosophe.

MAÎTRE À DANSER.- Diantre soit de l'âne bâté !

MONSIEUR JOURDAIN.- Messieurs.

MAÎTRE DE PHILOSOPHIE.- Scélérats !

MONSIEUR JOURDAIN.- Monsieur le philosophe.

MAÎTRE DE MUSIQUE.- Au diable l'impertinent.

MONSIEUR JOURDAIN.- Messieurs.

MAÎTRE DE PHILOSOPHIE.- Fripons ! gueux ! traîtres ! mposteurs !

s sortent.

MONSIEUR JOURDAIN.- Monsieur le Philosophe, Messieurs, Monsieur le Philosophe, Messieurs, Monsieur le Philosophe. Oh battez-vous tant qu'il vous plaira, je n'y saurais que faire, et je n'irai pas gâter ma robe pour vous séparer. Je serais bien fou, de m'aller fourrer parmi eux, pour recevoir quelque coup qui me ferait mal.

SCÈNE IV

MAÎTRE DE PHILOSOPHIE, MONSIEUR JOURDAIN.

MAÎTRE DE PHILOSOPHIE,en raccommodant son collet.- Venons à notre leçon.

MONSIEUR JOURDAIN.- Ah ! Monsieur, je suis fâché des coups qu'ils vous ont donnés.

MAÎTRE DE PHILOSOPHIE.- Cela n'est rien. Un philosophe sait recevoir comme il faut les choses, et je vais composer contre eux une satire du style de Juvénal, qui les déchirera de la belle façon. Laissons cela. Que voulez-vous apprendre ?

MONSIEUR JOURDAIN.- Tout ce que je pourrai, car j'ai toutes les envies du monde d'être savant, et j'enrage que mon père et ma mère ne m'aient pas fait bien étudier dans toutes les sciences, quand j'étais jeune.

MAÎTRE DE PHILOSOPHIE.- Ce sentiment est raisonnable, *Nam sine doctrina vita est quasi mortis imago.* Vous entendez cela, et vous savez le latin sans doute.

MONSIEUR JOURDAIN.- Oui, mais faites comme si je ne le savais pas. Expliquez-moi ce que cela veut dire.

MAÎTRE DE PHILOSOPHIE.- Cela veut dire que sans la science, la vie est presque une image de la mort.

MONSIEUR JOURDAIN.- Ce latin-là a raison.

MAÎTRE DE PHILOSOPHIE.- N'avez-vous point quelques principes, quelques commencements des sciences ?

MONSIEUR JOURDAIN.- Oh oui, je sais lire et écrire.

MAÎTRE DE PHILOSOPHIE.- Par où vous plaît-il que nous commencions ? Voulez-vous que je vous apprenne la logique ?

MONSIEUR JOURDAIN.- Qu'est-ce que c'est que cette logique ?

MAÎTRE DE PHILOSOPHIE.- C'est elle qui enseigne les trois opérations de l'esprit [13] .

MONSIEUR JOURDAIN.- Qui sont-elles, ces trois opérations de l'esprit ?

MAÎTRE DE PHILOSOPHIE.- La première, la seconde, et la troisième. La première est, de bien concevoir par le moyen des universaux. La seconde, de bien juger par le moyen des catégories : et la troisième, de bien tirer une conséquence par le moyen des figures. *Barbara, celarent, darii, ferio, baralipton,* etc.

MONSIEUR JOURDAIN.- Voilà des mots qui sont trop rébarbatifs. Cette logique-là ne me revient point. Apprenons autre chose qui soit plus joli.

MAÎTRE DE PHILOSOPHIE.- Voulez-vous apprendre la morale ?

MONSIEUR JOURDAIN.- La morale ?

MAÎTRE DE PHILOSOPHIE.- Oui.

MONSIEUR JOURDAIN.- Qu'est-ce qu'elle dit cette morale ?

MAÎTRE DE PHILOSOPHIE.- Elle traite de la félicité ; enseigne x hommes à modérer leurs passions, et...

MONSIEUR JOURDAIN.- Non, laissons cela. Je suis bilieux comme tous les diables ; et il n'y a morale qui tienne, je me veux mettre en colère tout mon soûl, quand il m'en prend envie.

MAÎTRE DE PHILOSOPHIE.- Est-ce la physique que vous voulez apprendre ?

MONSIEUR JOURDAIN.- Qu'est-ce qu'elle chante cette physique ?

MAÎTRE DE PHILOSOPHIE.- La physique est celle qui explique les principes des choses naturelles, et les propriétés du corps ; qui discourt de la nature des éléments, des métaux, des minéraux, des pierres, des plantes, et des animaux, et nous enseigne les causes de tous les météores, l'arc-en-ciel, les feux volants [14] , les comètes, les éclairs, le tonnerre, la foudre, la pluie, la neige, la grêle, les vents, et les tourbillons.

MONSIEUR JOURDAIN.- Il y a trop de tintamarre là dedans, trop de brouillamini.

MAÎTRE DE PHILOSOPHIE.- Que voulez-vous donc que je vous apprenne ?

MONSIEUR JOURDAIN.- Apprenez-moi l'orthographe.

MAÎTRE DE PHILOSOPHIE.- Très volontiers.

MONSIEUR JOURDAIN.- Après vous m'apprendrez l'almanach, pour savoir quand il y a de la lune, et quand il n'y en a point.

MAÎTRE DE PHILOSOPHIE.- Soit. Pour bien suivre votre pensée, et traiter cette matière en philosophe, il faut commencer selon l'ordre des choses, par une exacte connaissance de la nature des lettres, et de la différente manière de les prononcer toutes. Et là-dessus j'ai à vous dire, que les lettres sont divisé en voyelles, ainsi dites voyelles, parce qu'elles expriment les voix ; et en consonnes, ainsi appelées consonnes, parce qu'elles sonnent avec les voyelles, et ne font que marquer les diverses articulations des voix. Il y a cinq voyelles, ou voix, A, E, I, O, U.

MONSIEUR JOURDAIN.- J'entends tout cela.

MAÎTRE DE PHILOSOPHIE.- La voix, A, se forme en ouvrant fort la bouche, A [15] .

MONSIEUR JOURDAIN.- A, A, Oui.

MAÎTRE DE PHILOSOPHIE.- La voix, E, se forme en rapprochant la mâchoire d'en bas de celle d'en haut, A, E.

MONSIEUR JOURDAIN.- A, E, A, E. Ma foi oui. Ah que cela est beau !

MAÎTRE DE PHILOSOPHIE.- Et la voix, I, en rapprochant encore davantage les mâchoires l'une de l'autre, et écartant les deux coins de la bouche vers les oreilles, A, E, I.

MONSIEUR JOURDAIN.- A, E, I, I, I, I. Cela est vrai. Vive la science.

MAÎTRE DE PHILOSOPHIE.- La voix, O, se forme en rouvrant les mâchoires, et rapprochant les lèvres par les deux coins, le haut et le bas, O.

MONSIEUR JOURDAIN.- O, O. Il n'y a rien de plus juste. A, E, I, O, I, O. Cela est admirable ! I, O, I, O.

MAÎTRE DE PHILOSOPHIE.- L'ouverture de la bouche fait justement comme un petit rond qui représente un O.

MONSIEUR JOURDAIN.- O, O, O. Vous avez raison, O. Ah la belle chose, que de savoir quelque chose !

MAÎTRE DE PHILOSOPHIE.- La voix, U, se forme en rapprochant les dents sans les joindre entièrement, et allongeant les deux lèvres en dehors, les approchant aussi l'une de l'autre sans les rejoindre tout à fait, U.

MONSIEUR JOURDAIN.- U, U. Il n'y a rien de plus véritable, U.

MAÎTRE DE PHILOSOPHIE.- Vos deux lèvres s'allongent comme si vous faisiez la moue : d'où vient que si vous la voulez faire à quelqu'un, et vous moquer de lui, vous ne sauriez lui dire que U.

MONSIEUR JOURDAIN.- U, U. Cela est vrai. Ah que n'ai-je étudié plus tôt, pour savoir tout cela.

MAÎTRE DE PHILOSOPHIE.- Demain, nous verrons les autres lettres, qui sont les consonnes.

MONSIEUR JOURDAIN.- Est-ce qu'il y a des choses aussi curieuses qu'à celles-ci ?

MAÎTRE DE PHILOSOPHIE.- Sans doute. La consonne, D, par exemple, se prononce en donnant du bout de la langue au-dessus des dents d'en haut : DA.

MONSIEUR JOURDAIN.- DA, DA. Oui. Ah les belles choses ! les belles choses !

MAÎTRE DE PHILOSOPHIE.- L'F, en appuyant les dents d'en haut sur la lèvre de dessous, FA.

MONSIEUR JOURDAIN.- FA, FA. C'est la vérité. Ah ! mon père, et ma mère, que je vous veux de mal !

MAÎTRE DE PHILOSOPHIE.- Et l'R, en portant le bout de la langue jusqu'au haut du palais ; de sorte qu'étant frôlée par l qui sort avec force, elle lui cède, et revient toujours au même endroit, faisant une manière de tremblement, RRA.

MONSIEUR JOURDAIN.- R, R, RA ; R, R, R, R, R, RA. Cela est vrai. Ah l'habile homme que vous êtes ! et que j'ai perdu de temps ! R, r, r, ra.

MAÎTRE DE PHILOSOPHIE.- Je vous expliquerai à fond toutes ces curiosités.

MONSIEUR JOURDAIN.- Je vous en prie. Au reste il faut que je vous fasse une confidence. Je suis amoureux d'une personne de grande qualité, et je souhaiterais que vous m'aidassiez à lui écrire quelque chose dans un petit billet que je veux laisser tomber à ses pieds.

MAÎTRE DE PHILOSOPHIE.- Fort bien.

MONSIEUR JOURDAIN.- Cela sera galant, oui.

MAÎTRE DE PHILOSOPHIE.- Sans doute. Sont-ce des vers que vous lui voulez écrire ?

MONSIEUR JOURDAIN.- Non, non, point de vers.

MAÎTRE DE PHILOSOPHIE.- Vous ne voulez que de la prose ?

MONSIEUR JOURDAIN.- Non, je ne veux ni prose, ni vers.

MAÎTRE DE PHILOSOPHIE.- Il faut bien que ce soit l'un, ou l'autre.

MONSIEUR JOURDAIN.- Pourquoi ?

MAÎTRE DE PHILOSOPHIE.- Par la raison, Monsieur, qu'il n'y pour s'exprimer, que la prose, ou les vers.

MONSIEUR JOURDAIN.- Il n'y a que la prose, ou les vers ?

MAÎTRE DE PHILOSOPHIE.- Non, Monsieur : tout ce qui n'est point prose, est vers ; et tout ce qui n'est point vers, est prose.

MONSIEUR JOURDAIN.- Et comme l'on parle, qu'est-ce que c'est donc que cela ?

MAÎTRE DE PHILOSOPHIE.- De la prose.

MONSIEUR JOURDAIN.- Quoi, quand je dis : "Nicole, apportez-moi mes pantoufles, et me donnez mon bonnet de nuit [16] ", c'est de la prose ?

MAÎTRE DE PHILOSOPHIE.- Oui, Monsieur.

MONSIEUR JOURDAIN.- Par ma foi, il y a plus de quarante ans que je dis de la prose, sans que j'en susse rien ; et je vous suis le plus obligé du monde, de m'avoir appris cela. Je voudrais donc lui mettre dans un billet : *Belle Marquise, vos beaux yeux me font mourir d'amour* ; mais je voudrais que cela fût mis d'une manière galante ; que cela fût tourné gentiment.

MAÎTRE DE PHILOSOPHIE.- Mettre que les feux de ses yeux réduisent votre cœur en cendres ; que vous souffrez nuit et jour pour elle les violences d'un...

MONSIEUR JOURDAIN.- Non, non, non, je ne veux point tout cela ; je ne veux que ce que je vous ai dit : *Belle Marquise, vos beaux yeux me font mourir d'amour.*

MAÎTRE DE PHILOSOPHIE.- Il faut bien étendre un peu la chose.

MONSIEUR JOURDAIN.- Non, vous dis-je, je ne veux que ces seules paroles-là dans le billet ; mais tournées à la mode, bien arrangées comme il faut. Je vous prie de me dire un peu, pour voir, les diverses manières dont on les peut mettre.

MAÎTRE DE PHILOSOPHIE.- On les peut mettre premièrement comme vous avez dit : *Belle Marquise, vos beaux yeux me font mourir d'amour.* Ou bien : *D'amour mourir me font, belle Marquise, vos beaux yeux.* Ou bien : *Vos yeux beaux d'amour me font, belle Marquise, mourir.* Ou bien : *Mourir vos beaux yeux, belle Marquise, d'amour me font.* Ou bien : *Me font vos yeux beaux mourir, belle Marquise, d'amour.*

MONSIEUR JOURDAIN.- Mais de toutes ces façons-là, laquelle est la meilleure ?

MAÎTRE DE PHILOSOPHIE.- Celle que vous avez dite : *Belle Marquise, vos beaux yeux me font mourir d'amour.*

MONSIEUR JOURDAIN.- Cependant je n'ai point étudié, et j'ai fait cela tout du premier coup. Je vous remercie de tout mon cœur, et vous prie de venir demain de bonne heure.

MAÎTRE DE PHILOSOPHIE.- Je n'y manquerai pas.

MONSIEUR JOURDAIN.- Comment, mon habit n'est point encore arrivé ?

SECOND LAQUAIS.- Non, Monsieur.

MONSIEUR JOURDAIN.- Ce maudit tailleur me fait bien attendre pour un jour où j'ai tant d'affaires. J'enrage. Que la fièvre quartaine puisse serrer bien fort le bourreau de tailleur. Au diable le tailleur. La peste étouffe le tailleur. Si je le tenais maintenant ce tailleur détestable, ce chien de tailleur-là, ce traître de

tailleur, je...

SCÈNE V

AÎTRE TAILLEUR, GARÇON TAILLEUR, portant l'habit de Jourdain, MONSIEUR JOURDAIN, LAQUAIS.

MONSIEUR JOURDAIN.- Ah vous voilà. Je m'allais mettre en colère contre vous.

MAÎTRE TAILLEUR.- Je n'ai pas pu venir plus tôt, et j'ai mis vingt garçons après votre habit.

MONSIEUR JOURDAIN.- Vous m'avez envoyé des bas de soie si étroits, que j'ai eu toutes les peines du monde à les mettre, et il y a déjà deux mailles de rompues [17] .

MAÎTRE TAILLEUR.- Ils ne s'élargiront que trop.

MONSIEUR JOURDAIN.- Oui, si je romps toujours des mailles. Vous m'avez aussi fait faire des souliers qui me blessent furieusement.

MAÎTRE TAILLEUR.- Point du tout, Monsieur.

MONSIEUR JOURDAIN.- Comment, point du tout ?

MAÎTRE TAILLEUR.- Non, ils ne vous blessent point.

MONSIEUR JOURDAIN.- Je vous dis qu'ils me blessent, moi.

MAÎTRE TAILLEUR.- Vous vous imaginez cela.

MONSIEUR JOURDAIN.- Je me l'imagine, parce que je le sens. Voyez la belle raison.

MAÎTRE TAILLEUR.- Tenez, voilà le plus bel habit de la cour, et le mieux assorti. C'est un chef-d'œuvre, que d'avoir inventé un habit sérieux, qui ne fût pas noir ; et je le donne en six coups aux tailleurs les plus éclairés.

MONSIEUR JOURDAIN.- Qu'est-ce que c'est que ceci ? Vous avez mis les fleurs en enbas [18] .

MAÎTRE TAILLEUR.- Vous ne m'aviez pas dit que vous les vouliez en enhaut.

MONSIEUR JOURDAIN.- Est-ce qu'il faut dire cela ?

MAÎTRE TAILLEUR.- Oui, vraiment. Toutes les personnes de qualité les portent de la sorte.

MONSIEUR JOURDAIN.- Les personnes de qualité portent les fleurs en enbas ?

MAÎTRE TAILLEUR.- Oui, Monsieur.

MONSIEUR JOURDAIN.- Oh voilà qui est donc bien.

MAÎTRE TAILLEUR.- Si vous voulez, je les mettrai en enhaut.

MONSIEUR JOURDAIN.- Non, non.

MAÎTRE TAILLEUR.- Vous n'avez qu'à dire.

MONSIEUR JOURDAIN.- Non, vous dis-je, vous avez bien fait. Croyez-vous que l'habit m'aille bien [19] ?

MAÎTRE TAILLEUR.- Belle demande. Je défie un peintre, avec son pinceau, de vous faire rien de plus juste. J'ai chez moi un garçon qui, pour monter une rhingrave [20] , est le plus grand génie du monde ; et un autre, qui pour assembler un pourpoint, est le héros de notre temps.

MONSIEUR JOURDAIN.- La perruque, et les plumes, sont-elles comme il faut ?

MAÎTRE TAILLEUR.- Tout est bien.

MONSIEUR JOURDAIN, en regardant l'habit du tailleur.- Ah, ah, Monsieur le tailleur, voilà de mon étoffe du dernier habit que vous m'avez fait. Je la reconnais bien.

MAÎTRE TAILLEUR.- C'est que l'étoffe me sembla si belle, que j'ai voulu lever un habit [21] pour moi.

MONSIEUR JOURDAIN.- Oui, mais il ne fallait pas le lever avec le mien [22] .

MAÎTRE TAILLEUR.- Voulez-vous mettre votre habit ?

MONSIEUR JOURDAIN.- Oui, donnez-le-moi.

MAÎTRE TAILLEUR.- Attendez. Cela ne va pas comme cela. J'ai amené des gens pour vous habiller en cadence, et ces sortes d'habits se mettent avec cérémonie. Holà, entrez, vous autres. Mettez cet habit à Monsieur, de la manière que vous faites aux personnes de qualité.

Quatre garçons tailleurs entrent, dont deux lui arrachent le haut-de-chausses de ses exercices, et deux autres la camisole, puis ils lui mettent son habit neuf ; et M. Jourdain se promène entre eux, et leur montre son habit, pour voir s'il est bien. Le tout à la cadence de toute la symphonie.

GARÇON TAILLEUR.- Mon gentilhomme [23] , donnez, s'il vous plaît, aux garçons quelque chose pour boire.

MONSIEUR JOURDAIN.- Comment m'appelez-vous ?

GARÇON TAILLEUR.- Mon gentilhomme.

MONSIEUR JOURDAIN.- "Mon gentilhomme !" Voilà ce que c'est, de se mettre en personne de qualité. Allez-vous-en demeurer toujours habillé en bourgeois, on ne vous dira point "mon gentilhomme [24] ". Tenez, voilà pour "Mon gentilhomme."

GARÇON TAILLEUR.- Monseigneur, nous vous sommes bien obligés.

MONSIEUR JOURDAIN.- "Monseigneur", oh, oh ! "Monseigneur" ! Attendez, mon ami, "Monseigneur" mérite quelque chose, et ce n'est pas une petite parole que "Monseigneur." Tenez, voilà ce que Monseigneur vous donne.

GARÇON TAILLEUR.- Monseigneur, nous allons boire tous à la santé de Votre Grandeur.

MONSIEUR JOURDAIN.- "Votre Grandeur" Oh, oh, oh ! Attendez, ne vous en allez pas. À moi, "Votre Grandeur !" Ma foi, s'il va jusqu'à l'Altesse, il aura toute la bourse. Tenez, voilà pour Ma Grandeur.

GARÇON TAILLEUR.- Monseigneur, nous la remercions très humblement de ses libéralités.

MONSIEUR JOURDAIN.- Il a bien fait, je lui allais tout donner.

Les quatre garçons tailleurs se réjouissent par une danse, qui fait le second intermède.

[1] *Au moins* : sans faute.

[2] *Un dessus* : un ténor.

[i] Une basse de viole (ou *viole de gambe*) : ancêtre du violoncelle.

[i] Téorbe (ou *théorbe, tuorbe*) : espèce de grande guitare qui a la particularité d'avoir deux manches.

[3] La *trompette marine* est un instrument à une seule corde fort grave et fort longue, fixée sur une caisse triangulaire et émettant une sorte de ronflement qui faisait penser à celui des conques des dieux marins ; les mendiants jouaient de cet instrument sommaire dans les rues.

[4] Le *menuet* est une danse "dont les pas sont prompts et menus" (Dictionnaire de Furetière, 1690), ce qui explique le pluriel employé par M. Jourdain : les menuets sont "les petits pas."

[5] Le texte porte ici un point d'interrogation ; il s'agit manifestement d'une erreur.

[i] Quartée : tournée pour esquiver (*quarter*, c'est "ôter son corps hors de la ligne" pour esquiver, selon le dictionnaire de Furetière, 1690).

[6] VAR. Redoublez de pied ferme. Une, deux. Un saut (1682).

[7] *Botte* : coup, en termes d'escrime.

[8] VAR. Redoublez. Une, deux. Un saut (1682).

[9] *C ?ur* : courage.

[10] De fait, des lettres patentes de Louis XIV octroyées en 1656 conféraient la noblesse transmissible aux six plus anciens maîtres d'armes de Paris, après vingt ans d'exercice.

[11] *Condition* : rang qu'on tient dans la société.

[12] *Bélître* : homme de rien.

[13] Les trois *opérations de l'esprit* sont la conception ou perception, le jugement et le raisonnement. Les *universaux* ("termes généraux sous lesquels sont compris plusieurs espèces et individus", selon le dictionnaire de Furetière, 1690) sont au nombre de cinq : le genre, l'espèce, la différence, le propre et l'accident. Il y avait dix catégories selon Aristote : la substance, la quantité, la qualité, la relation, le lieu, le temps, la situation, la possession, l'action et la passion. Enfin, les *figures* étaient les différents types de syllogismes.

[14] *Les feux volants* : les feux follets et les feux Saint-Elme des marins.

[15] Molière s'inspire, pour cette leçon de phonétique, d'un ouvrage paru en 1668, le *Discours physique de la parole*, de

Cordemoy, un académicien ami de Bossuet et bientôt de La Bruyère.

[16] Les guillemets sont ajoutés par nous.

[17] VAR. il y a deux mailles de rompues (1682).

[18] *En enbas* : la tige en l'air.

[19] VAR. Croyez-vous que mon habit m'aille bien ? (1682).

[20] *Une rhingrave* : "culotte ou haut-de-chausses fort ample, attachée aux bas avec plusieurs rubans, dont un rhingrave ou un prince allemand a amené la mode en France il y a quelque temps." (Dictionnaire de Furetière, 1690)

[21] *J'en ai voulu lever un habit* : j'ai voulu y prendre l'étoffe pour un habit.

[22] *Le lever avec le mien* : en prendre l'étoffe dans la pièce que j'ai payée pour mon habit.

[23] Un *gentilhomme* est un noble de race ; *Monseigneur* est le titre qu'on donne à un duc et pair, à un évêque ou un archevêque, à un maréchal de France, etc. *Votre Grandeur* se dit à des grands seigneurs qui n'ont pas droit au titre d'*Altesse*, réservé aux princes du sang ou aux princes souverains.

[24] Les guillemets sont ajoutés par nous, ainsi que dans la suite de la scène.

ACTE III, SCÈNE PREMIÈRE

MONSIEUR JOURDAIN, LAQUAIS.

MONSIEUR JOURDAIN.- Suivez-moi, que j'aille un peu montrer mon habit par la ville ; et surtout, ayez soin tous deux de marcher immédiatement sur mes pas, afin qu'on voie bien que vous êtes à moi.

LAQUAIS.- Oui, Monsieur.

MONSIEUR JOURDAIN.- Appelez-moi Nicole, que je lui donne quelques ordres. Ne bougez, la voilà.

SCÈNE II

NICOLE, MONSIEUR JOURDAIN, LAQUAIS.

MONSIEUR JOURDAIN.- Nicole !

NICOLE.- Plaît-il ?

MONSIEUR JOURDAIN.- Écoutez.

NICOLE, rit.- Hi, hi, hi, hi, hi.

MONSIEUR JOURDAIN.- Qu'as-tu à rire ?

NICOLE.- Hi, hi, hi, hi, hi, hi.

MONSIEUR JOURDAIN.- Que veut dire cette coquine-là ?

NICOLE.- Hi, hi, hi. Comme vous voilà bâti ! Hi, hi, hi.

MONSIEUR JOURDAIN.- Comment donc ?

NICOLE.- Ah, ah, mon Dieu. Hi, hi, hi, hi, hi.

MONSIEUR JOURDAIN.- Quelle friponne est-ce là ? Te moques-tu de moi ?

NICOLE.- Nenni, Monsieur, j'en serais bien fâchée. Hi, hi, hi, hi, hi, hi.

MONSIEUR JOURDAIN.- Je te baillerai sur le nez, si tu ris davantage.

NICOLE.- Monsieur, je ne puis pas m'en empêcher. Hi, hi, hi, hi, hi, hi.

MONSIEUR JOURDAIN.- Tu ne t'arrêteras pas ?

NICOLE.- Monsieur, je vous demande pardon ; mais vous êtes si plaisant, que je ne saurais me tenir de rire. Hi, hi, hi.

MONSIEUR JOURDAIN.- Mais voyez quelle insolence.

NICOLE.- Vous êtes tout à fait drôle comme cela. Hi, hi.

MONSIEUR JOURDAIN.- Je te...

NICOLE.- Je vous prie de m'excuser. Hi, hi, hi, hi.

MONSIEUR JOURDAIN.- Tiens, si tu ris encore le moins du monde, je te jure que je t'appliquerai sur la joue le plus grand soufflet qui se soit jamais donné.

NICOLE.- Hé bien, Monsieur, voilà qui est fait, je ne rirai plus.

MONSIEUR JOURDAIN.- Prends-y bien garde. Il faut que pour tantôt tu nettoies...

NICOLE.- Hi, hi.

MONSIEUR JOURDAIN.- Que tu nettoies comme il faut...

NICOLE.- Hi, hi.

MONSIEUR JOURDAIN.- Il faut, dis-je, que tu nettoies la salle, et...

NICOLE.- Hi, hi.

MONSIEUR JOURDAIN.- Encore.

NICOLE.- Tenez, Monsieur, battez-moi plutôt, et me laissez rire tout mon soûl, cela me fera plus de bien. Hi, hi, hi, hi, hi.

MONSIEUR JOURDAIN.- J'enrage.

NICOLE.- De grâce, Monsieur, je vous prie de me laisser rire. Hi, hi, hi.

MONSIEUR JOURDAIN.- Si je te prends...

NICOLE.- Monsieur, je crèverai, aie, si je ne ris. Hi, hi, hi.

MONSIEUR JOURDAIN.- Mais a-t-on jamais vu une pendarde comme celle-là ? qui me vient rire insolemment au nez, au lieu de recevoir mes ordres ?

NICOLE.- Que voulez-vous que je fasse, Monsieur ?

MONSIEUR JOURDAIN.- Que tu songes, coquine, à préparer ma maison pour la compagnie qui doit venir tantôt.

NICOLE.- Ah, par ma foi, je n'ai plus envie de rire ; et toutes vos compagnies font tant de désordre céans, que ce mot est assez pour me mettre en mauvaise humeur.

MONSIEUR JOURDAIN.- Ne dois-je point pour toi fermer ma porte à tout le monde ?

NICOLE.- Vous devriez au moins la fermer à certaines gens.

QUESTIONS

SCÈNE III

MADAME JOURDAIN, MONSIEUR JOURDAIN, NICOLE, LAQUAIS.

MADAME JOURDAIN.- Ah, ah, voici une nouvelle histoire. Qu'est-ce que c'est donc, mon mari, que cet équipage-là ? Vous moquez-vous du monde, de vous être fait enharnacher de la sorte ? et avez-vous envie qu'on se raille partout de vous ?

MONSIEUR JOURDAIN.- Il n'y a que des sots, et des sottes, ma femme, qui se railleront de moi.

MADAME JOURDAIN.- Vraiment on n'a pas attendu jusqu'à cette heure, et il y a longtemps que vos façons de faire donnent à rire à tout le monde.

MONSIEUR JOURDAIN.- Qui est donc tout ce monde-là, s'il vous plaît ?

MADAME JOURDAIN.- Tout ce monde-là est un monde qui a raison, et qui est plus sage que vous. Pour moi, je suis scandalisée de la vie que vous menez. Je ne sais plus ce que c'est que notre maison. On dirait qu'il est céans carême-prenant [1] tous les jours ; et dès le matin, de peur d'y manquer, on y entend des vacarmes de violons et de chanteurs, dont tout le voisinage se trouve incommodé.

NICOLE.- Madame parle bien. Je ne saurais plus voir mon ménage propre, avec cet attirail de gens que vous faites venir chez vous. Ils ont des pieds qui vont chercher de la boue dans tous les quartiers de la ville, pour l'apporter ici ; et la pauvre Françoise est presque sur les dents, à frotter les planchers que vos biaux maîtres viennent crotter régulièrement tous les jours.

MONSIEUR JOURDAIN.- Ouais, notre servante Nicole, vous avez le caquet bien affilé pour une paysanne.

MADAME JOURDAIN.- Nicole a raison, et son sens est meilleur que le vôtre. Je voudrais bien savoir ce que vous pensez faire d'un maître à danser à l'âge que vous avez.

NICOLE.- Et d'un grand maître tireur d'armes, qui vient, avec ses battements de pied, ébranler toute la maison, et nous déraciner tous les carriaux de notre salle ?

MONSIEUR JOURDAIN.- Taisez-vous, ma servante, et ma femme.

MADAME JOURDAIN.- Est-ce que vous voulez apprendre à danser, pour quand vous n'aurez plus de jambes ?

NICOLE.- Est-ce que vous avez envie de tuer quelqu'un ?

MONSIEUR JOURDAIN.- Taisez-vous, vous dis-je, vous êtes des ignorantes l'une et l'autre, et vous ne savez pas les prérogatives [2] s de tout cela.

MADAME JOURDAIN.- Vous devriez bien plutôt songer à marier votre fille, qui est en âge d'être pourvue.

MONSIEUR JOURDAIN.- Je songerai à marier ma fille, quand il se présentera un parti pour elle ; mais je veux songer aussi à apprendre les belles choses.

NICOLE.- J'ai encore ouï dire, Madame, qu'il a pris aujourd'hui, pour renfort de potage [3] , un maître de philosophie.

MONSIEUR JOURDAIN.- Fort bien. Je veux avoir de l'esprit, et savoir raisonner des choses parmi les honnêtes gens.

MADAME JOURDAIN.- N'irez-vous point l'un de ces jours au collège vous faire donner le fouet, à votre âge ?

MONSIEUR JOURDAIN.- Pourquoi non ? Plût à Dieu l'avoir tout à l'heure, le fouet, devant tout le monde, et savoir ce qu'on apprend au collège.

NICOLE.- Oui, ma foi, cela vous rendrait la jambe bien mieux faite.

MONSIEUR JOURDAIN.- Sans doute [4] .

MADAME JOURDAIN.- Tout cela est fort nécessaire pour conduire votre maison.

MONSIEUR JOURDAIN.- Assurément. Vous parlez toutes deux comme des bêtes, et j'ai honte de votre ignorance. Par exemple, savez-vous, vous, ce que c'est que vous dites à cette heure ?

MADAME JOURDAIN.- Oui, je sais que ce que je dis est fort bien dit, et que vous devriez songer à vivre d'autre sorte.

MONSIEUR JOURDAIN.- Je ne parle pas de cela. Je vous demande ce que c'est que les paroles que vous dites ici ?

MADAME JOURDAIN.- Ce sont des paroles bien sensées, et votre conduite ne l'est guère.

MONSIEUR JOURDAIN.- Je ne parle pas de cela, vous dis-je. Je vous demande ; ce que je parle avec vous, ce que je vous dis à cette heure, qu'est-ce que c'est ?

MADAME JOURDAIN.- Des chansons.

MONSIEUR JOURDAIN.- Hé non, ce n'est pas cela. Ce que nous disons tous deux, le langage que nous parlons à cette heure ?

MADAME JOURDAIN.- Hé bien ?

MONSIEUR JOURDAIN.- Comment est-ce que cela s'appelle ?

MADAME JOURDAIN.- Cela s'appelle comme on veut l'appeler.

MONSIEUR JOURDAIN.- C'est de la prose, ignorante.

MADAME JOURDAIN.- De la prose ?

MONSIEUR JOURDAIN.- Oui, de la prose. Tout ce qui est prose, n'est point vers ; et tout ce qui n'est point vers, n'est point prose [5] . Heu, voilà ce que c'est d'étudier. Et toi, sais-tu bien comme il faut faire pour dire un U ?

NICOLE.- Comment ?

MONSIEUR JOURDAIN.- Oui. Qu'est-ce que tu fais quand tu dis un U ?

NICOLE.- Quoi ?

MONSIEUR JOURDAIN.- Dis un peu, U, pour voir ?

NICOLE.- Hé bien, U.

MONSIEUR JOURDAIN.- Qu'est-ce que tu fais ?

NICOLE.- Je dis, U.

MONSIEUR JOURDAIN.- Oui ; mais quand tu dis, U, qu'est-ce que tu fais ?

NICOLE.- Je fais ce que vous me dites.

MONSIEUR JOURDAIN.- Ô l'étrange chose que d'avoir affaire à des bêtes ! Tu allonges les lèvres en dehors, et approches la mâchoire d'en haut de celle d'en bas, U, vois-tu ? U, vois-tu ? U. Je fais la moue : U.

NICOLE.- Oui, cela est biau.

MADAME JOURDAIN.- Voilà qui est admirable.

MONSIEUR JOURDAIN.- C'est bien autre chose, si vous aviez vu O, et DA, DA, et FA, FA.

MADAME JOURDAIN.- Qu'est-ce que c'est donc que tout ce galimatias-là ?

NICOLE.- De quoi est-ce que tout cela guérit ?

MONSIEUR JOURDAIN.- J'enrage, quand je vois des femmes ignorantes.

MADAME JOURDAIN.- Allez, vous devriez envoyer promener tous ces gens-là, avec leurs fariboles.

NICOLE.- Et surtout ce grand escogriffe de maître d'armes, qui remplit de poudre [6] tout mon ménage.

MONSIEUR JOURDAIN.- Ouais, ce maître d'armes vous tient bien au cœur. Je te veux faire voir ton impertinence tout à l'heure. Il fait apporter les fleurets, et en donne un à Nicole. Tiens ; raison démonstrative, la ligne du corps. Quand on pousse en quarte, on n'a qu'à faire cela ; et quand on pousse en tierce, on n'a qu'à faire cela. Voilà le moyen de n'être jamais tué ; et cela n'est-il pas beau, d'être assuré de son fait, quand on se bat contre quelqu'un ? Là, pousse-moi un peu pour voir.

NICOLE.- Hé bien, quoi ?

Nicole lui pousse plusieurs coups.

MONSIEUR JOURDAIN.- Tout beau. Holà, oh, doucement. Diantre soit la coquine.

NICOLE.- Vous me dites de pousser.

MONSIEUR JOURDAIN.- Oui ; mais tu me pousses en tierce, avant que de pousser en quarte, et tu n'as pas la patience que je pare.

MADAME JOURDAIN.- Vous êtes fou, mon mari, avec toutes vos fantaisies, et cela vous est venu depuis que vous vous mêlez de hanter la noblesse.

MONSIEUR JOURDAIN.- Lorsque je hante la noblesse, je fais paraître mon jugement ; et cela est plus beau que de hanter votre bourgeoisie.

MADAME JOURDAIN.- Çamon [i] vraiment. Il y a fort à gagner à fréquenter vos nobles, et vous avez bien opéré [7] avec ce beau Monsieur le comte dont vous vous êtes embéguiné [8] .

MONSIEUR JOURDAIN.- Paix. Songez à ce que vous dites. Savez-vous bien, ma femme, que vous ne savez pas de qui vous parlez, quand vous parlez de lui ? C'est une personne d'importance plus que vous ne pensez ; un seigneur que l'on considère à la cour, et qui parle au Roi tout comme je vous parle. N'est-ce pas une chose qui m'est tout à fait honorable, que l'on voie venir chez moi si souvent une personne de cette qualité, qui m'appelle son cher ami, et me traite comme si j'étais son égal ? Il a pour moi des bontés qu'on ne devinerait jamais ; et devant tout le monde, il me fait des caresses [9] dont je suis moi-même confus.

MADAME JOURDAIN.- Oui, il a des bontés pour vous, et vous fait des caresses, mais il vous emprunte votre argent.

MONSIEUR JOURDAIN.- Hé bien ! ne m'est-ce pas de l'honneur, de prêter de l'argent à un homme de cette condition-là ? et puis-je faire moins pour un seigneur qui m'appelle son cher ami ?

MADAME JOURDAIN.- Et ce seigneur, que fait-il pour vous ?

MONSIEUR JOURDAIN.- Des choses dont on serait étonné, si on les savait.

MADAME JOURDAIN.- Et quoi ?

MONSIEUR JOURDAIN.- Baste [i] , je ne puis pas m'expliquer. Il suffit que si je lui ai prêté de l'argent, il me le rendra bien, et avant qu'il soit peu.

MADAME JOURDAIN.- Oui. Attendez-vous à cela.

MONSIEUR JOURDAIN.- Assurément. Ne me l'a-t-il pas dit ?

MADAME JOURDAIN.- Oui, oui, il ne manquera pas d'y faillir.

MONSIEUR JOURDAIN.- Il m'a juré sa foi de gentilhomme.

MADAME JOURDAIN.- Chansons.

MONSIEUR JOURDAIN.- Ouais, vous êtes bien obstinée, ma femme ; je vous dis qu'il me tiendra parole, j'en suis sûr.

MADAME JOURDAIN.- Et moi, je suis sûre que non, et que toutes les caresses qu'il vous fait ne sont que pour vous enjôler.

MONSIEUR JOURDAIN.- Taisez-vous. Le voici.

MADAME JOURDAIN.- Il ne nous faut plus que cela. Il vient peut-être encore vous faire quelque emprunt ; et il me semble que j'ai dîné quand je le vois [10] .

MONSIEUR JOURDAIN.- Taisez-vous, vous dis-je.

SCÈNE IV

DORANTE, MONSIEUR JOURDAIN, MADAME JOURDAIN, NICOLE.

DORANTE.- Mon cher ami, Monsieur Jourdain, comment vous portez-vous ?

MONSIEUR JOURDAIN.- Fort bien, Monsieur, pour vous rendre mes petits services.

DORANTE.- Et Madame Jourdain que voilà, comment se porte-t-elle ?

MADAME JOURDAIN.- Madame Jourdain se porte comme elle peut.

DORANTE.- Comment, Monsieur Jourdain, vous voilà le plus propre [11] du monde !

MONSIEUR JOURDAIN.- Vous voyez.

DORANTE.- Vous avez tout à fait bon air avec cet habit, et nous n'avons point de jeunes gens à la cour qui soient mieux faits que vous.

MONSIEUR JOURDAIN.- Hay, hay.

MADAME JOURDAIN.- Il le gratte par où il se démange [12] .

DORANTE.- Tournez-vous. Cela est tout à fait galant.

MADAME JOURDAIN.- Oui, aussi sot par derrière que par devant.

DORANTE.- Ma foi, Monsieur Jourdain, j'avais une impatience étrange de vous voir. Vous êtes l'homme du monde que j'estime le plus, et je parlais de vous encore ce matin dans la chambre du Roi.

MONSIEUR JOURDAIN.- Vous me faites beaucoup d'honneur, Monsieur. À Madame Jourdain. Dans la chambre du Roi !

DORANTE.- Allons, mettez [13] ...

MONSIEUR JOURDAIN.- Monsieur, je sais le respect que je vous dois.

DORANTE.- Mon Dieu, mettez ; point de cérémonie entre nous, je vous prie.

MONSIEUR JOURDAIN.- Monsieur...

DORANTE.- Mettez, vous dis-je, Monsieur Jourdain,vous êtes mon ami.

MONSIEUR JOURDAIN.- Monsieur, je suis votre serviteur.

DORANTE.- Je ne me couvrirai point, si vous ne vous couvrez.

MONSIEUR JOURDAIN.- J'aime mieux être incivil, qu'importun [14] .

DORANTE.- Je suis votre débiteur, comme vous le savez.

MADAME JOURDAIN.- Oui, nous ne le savons que trop.

DORANTE.- Vous m'avez généreusement prêté de l'argent en plusieurs occasions, et m'avez obligé de la meilleure grâce du monde, assurément.

MONSIEUR JOURDAIN.- Monsieur, vous vous moquez.

DORANTE.- Mais je sais rendre ce qu'on me prête, et reconnaître les plaisirs qu'on me fait.

MONSIEUR JOURDAIN.- Je n'en doute point, Monsieur.

DORANTE.- Je veux sortir d'affaire avec vous, et je viens ici pour faire nos comptes ensemble.

MONSIEUR JOURDAIN.- Hé bien, vous voyez votre impertinence, ma femme.

DORANTE.- Je suis homme qui aime à m'acquitter le plus tôt que je puis.

MONSIEUR JOURDAIN.- Je vous le disais bien.

DORANTE.- Voyons un peu ce que je vous dois.

MONSIEUR JOURDAIN.- Vous voilà, avec vos soupçons ridicules.

DORANTE.- Vous souvenez-vous bien de tout l'argent que vous m'avez prêté ?

MONSIEUR JOURDAIN.- Je crois que oui. J'en ai fait un petit mémoire. Le voici. Donné à vous une fois deux cents louis.

DORANTE.- Cela est vrai.

MONSIEUR JOURDAIN.- Une autre fois, six-vingts.

DORANTE.- Oui.

MONSIEUR JOURDAIN.- Et une autre fois, cent quarante.

DORANTE.- Vous avez raison.

MONSIEUR JOURDAIN.- Ces trois articles font quatre cent soixante louis, qui valent cinq mille soixante livres.

DORANTE.- Le compte est fort bon. Cinq mille soixante livres.

MONSIEUR JOURDAIN.- Mille huit cent trente-deux livres à votre plumassier [15] .

DORANTE.- Justement.

MONSIEUR JOURDAIN.- Deux mille sept cent quatre-vingts livres à votre tailleur.

DORANTE.- Il est vrai.

MONSIEUR JOURDAIN.- Quatre mille trois cent septante-neuf livres douze sols huit deniers à votre marchand [16] .

DORANTE.- Fort bien. Douze sols huit deniers ; le compte est juste.

MONSIEUR JOURDAIN.- Et mille sept cent quarante-huit livres sept sols quatre deniers à votre sellier.

DORANTE.- Tout cela est véritable. Qu'est-ce que cela fait ?

MONSIEUR JOURDAIN.- Somme totale, quinze mille huit cents livres.

DORANTE.- Somme totale est juste ; quinze mille huit cents livres. Mettez encore deux cents pistoles que vous m'allez donner, cela fera justement dix-huit mille francs, que je vous payerai au premier jour.

MADAME JOURDAIN.- Hé bien, ne l'avais-je pas bien deviné ?

MONSIEUR JOURDAIN.- Paix.

DORANTE.- Cela vous incommodera-t-il, de me donner ce que je vous dis ?

MONSIEUR JOURDAIN.- Eh non.

MADAME JOURDAIN.- Cet homme-là fait de vous une vache à lait.

MONSIEUR JOURDAIN.- Taisez-vous.

DORANTE.- Si cela vous incommode, j'en irai chercher ailleurs.

MONSIEUR JOURDAIN.- Non, Monsieur.

MADAME JOURDAIN.- Il ne sera pas content, qu'il ne vous ait ruiné.

MONSIEUR JOURDAIN.- Taisez-vous, vous dis-je.

DORANTE.- Vous n'avez qu'à me dire si cela vous embarrasse.

MONSIEUR JOURDAIN.- Point, Monsieur.

MADAME JOURDAIN.- C'est un vrai enjôleux.

MONSIEUR JOURDAIN.- Taisez-vous donc.

MADAME JOURDAIN.- Il vous sucera jusqu'au dernier sou.

MONSIEUR JOURDAIN.- Vous tairez-vous ?

DORANTE.- J'ai force gens qui m'en prêteraient avec joie : mais comme vous êtes mon meilleur ami, j'ai cru que je vous ferais tort, si j'en demandais à quelque autre.

MONSIEUR JOURDAIN.- C'est trop d'honneur, Monsieur, que vous me faites. Je vais quérir votre affaire.

MADAME JOURDAIN.- Quoi ? vous allez encore lui donner cela ?

MONSIEUR JOURDAIN.- Que faire ? voulez-vous que je refuse un homme de cette condition-là, qui a parlé de moi ce matin dans la chambre du Roi ?

MADAME JOURDAIN.- Allez, vous êtes une vraie dupe.

SCÈNE V

DORANTE, MADAME JOURDAIN, NICOLE.

DORANTE.- Vous me semblez toute mélancolique : qu'avez-vous, Madame Jourdain ?

MADAME JOURDAIN.- J'ai la tête plus grosse que le poing, et si [i] elle n'est pas enflée.

DORANTE.- Mademoiselle votre fille, où est-elle, que je ne la vois point ?

MADAME JOURDAIN.- Mademoiselle ma fille est bien où elle est.

DORANTE.- Comment se porte-t-elle ?

MADAME JOURDAIN.- Elle se porte sur ses deux jambes.

DORANTE.- Ne voulez-vous point un de ces jours venir voir avec elle, le ballet et la comédie que l'on fait chez le Roi ?

MADAME JOURDAIN.- Oui vraiment, nous avons fort envie de rire, fort envie de rire nous avons.

DORANTE.- Je pense, Madame Jourdain, que vous avez eu bien des amants dans votre jeune âge, belle et d'agréable humeur comme vous étiez.

MADAME JOURDAIN.- Trédame [17] , Monsieur, est-ce que Madame Jourdain est décrépite, et la tête lui grouille-t-elle [18] déjà ?

DORANTE.- Ah, ma foi, Madame Jourdain, je vous demande pardon. Je ne songeais pas que vous êtes jeune, et je rêve [19] le plus souvent. Je vous prie d'excuser mon impertinence.

SCÈNE VI

MONSIEUR JOURDAIN, MADAME JOURDAIN, DORANTE, NICOLE.

MONSIEUR JOURDAIN.- Voilà deux cents louis bien comptés.

DORANTE.- Je vous assure, Monsieur Jourdain, que je suis tout à vous, et que je brûle de vous rendre un service à la cour.

MONSIEUR JOURDAIN.- Je vous suis trop obligé.

DORANTE.- Si Madame Jourdain veut voir le divertissement royal, je lui ferai donner les meilleures places de la salle.

MADAME JOURDAIN.- Madame Jourdain vous baise les mains.

DORANTE, bas à M. Jourdain.- Notre belle marquise, comme je vous ai mandé par mon billet, viendra tantôt ici pour le ballet et le repas ; je l'ai fait consentir enfin au cadeau que vous lui voulez donner [20] .

MONSIEUR JOURDAIN.- Tirons-nous un peu plus loin, pour cause.

DORANTE.- Il y a huit jours que je ne vous ai vu, et je ne vous ai point mandé de nouvelles du diamant que vous me mîtes entre les mains pour lui en faire présent de votre part ; mais c'est que j'ai eu toutes les peines du monde à vaincre son scrupule, et ce n'est que d'aujourd'hui qu'elle s'est résolue à l'accepter.

MONSIEUR JOURDAIN.- Comment l'a-t-elle trouvé ?

DORANTE.- Merveilleux ; et je me trompe fort, ou la beauté de ce diamant fera pour vous sur son esprit un effet admirable.

MONSIEUR JOURDAIN.- Plût au Ciel !

MADAME JOURDAIN.- Quand il est une fois avec lui, il ne peut le quitter.

DORANTE.- Je lui ai fait valoir comme il faut la richesse de ce présent, et la grandeur de votre amour.

MONSIEUR JOURDAIN.- Ce sont, Monsieur, des bontés qui n'accablent ; et je suis dans une confusion la plus grande du monde, de voir une personne de votre qualité s'abaisser pour moi à ce que vous faites.

DORANTE.- Vous moquez-vous ? Est-ce qu'entre amis on s'arrête à ces sortes de scrupules ? et ne feriez-vous pas pour moi la même chose, si l'occasion s'en offrait ?

MONSIEUR JOURDAIN.- Ho assurément, et de très grand cœur.

MADAME JOURDAIN.- Que sa présence me pèse sur les épaules [21] !

DORANTE.- Pour moi, je ne regarde rien, quand il faut servir un ami ; et lorsque vous me fîtes confidence de l'ardeur que vous aviez prise pour cette marquise agréable chez qui j'avais commerce, vous vîtes que d'abord je m'offris de moi-même à servir votre amour.

MONSIEUR JOURDAIN.- Il est vrai, ce sont des bontés qui me confondent.

MADAME JOURDAIN.- Est-ce qu'il ne s'en ira point ?

NICOLE.- Ils se trouvent bien ensemble.

DORANTE.- Vous avez pris le bon biais pour toucher son cœur. Les femmes aiment surtout les dépenses qu'on fait pour elles ; et vos fréquentes sérénades, et vos bouquets continuels, ce superbe feu d'artifice qu'elle trouva sur l'eau, le diamant qu'elle a reçu de votre part, et le cadeau que vous lui préparez [22] , tout cela lui parle bien mieux en faveur de votre amour, que toutes les paroles que vous auriez pu lui dire vous-même.

MONSIEUR JOURDAIN.- Il n'y a point de dépenses que je ne fisse, si par là je pouvais trouver le chemin de son cœur. Une femme de qualité a pour moi des charmes ravissants, et c'est un honneur que j'achèterais au prix de toute chose.

MADAME JOURDAIN.- Que peuvent-ils tant dire ensemble ? Va-t'en un peu tout doucement prêter l'oreille.

DORANTE.- Ce sera tantôt que vous jouirez à votre aise du plaisir de sa vue, et vos yeux auront tout le temps de se satisfaire.

MONSIEUR JOURDAIN.- Pour être en pleine liberté, j'ai fait en sorte que ma femme ira dîner chez ma sœur, où elle passera toute l'après-dînée.

DORANTE.- Vous avez fait prudemment, et votre femme aurait pu nous embarrasser. J'ai donné pour vous l'ordre qu'il faut au cuisinier, et à toutes les choses qui sont nécessaires pour le ballet. Il est de mon invention ; et pourvu que l'exécution puisse répondre à l'idée, je suis sûr qu'il sera trouvé...

MONSIEUR JOURDAIN s'aperçoit que Nicole écoute, et lui donne un soufflet.- Ouais, vous êtes bien impertinente. Sortons, s'il vous plaît.

SCÈNE VII

MADAME JOURDAIN, NICOLE.

NICOLE.- Ma foi, Madame, la curiosité m'a coûté quelque chose ; mais je crois qu'il y a quelque anguille sous roche, et ils parlent de quelque affaire, où ils ne veulent pas que vous soyez.

MADAME JOURDAIN.- Ce n'est pas d'aujourd'hui, Nicole, que j'ai conçu des soupçons de mon mari. Je suis la plus trompée du monde, ou il y a quelque amour en campagne, et j travaille à découvrir ce que ce peut être. Mais songeons à ma fille. Tu sais l'amour que Cléonte a pour elle. C'est un homme qui me revient, et je veux aider sa recherche, et lui donner Lucile, si je puis.

NICOLE.- En vérité, Madame, je suis la plus ravie du monde, de vous voir dans ces sentiments ; car, si le maître vous revient, le valet ne me revient pas moins, et je souhaiterais que notre mariage se pût faire à l'ombre du leur.

MADAME JOURDAIN.- Va-t'en lui en parler de ma part, et lui dire que tout à l'heure il me vienne trouver, pour faire ensemble à mon mari la demande de ma fille.

NICOLE.- J'y cours, Madame, avec joie, et je ne pouvais recevoir une commission plus agréable. Je vais, je pense, bien réjouir les gens.

SCÈNE VIII

CLÉONTE, COVIELLE, NICOLE.

NICOLE.- Ah vous voilà tout à propos. Je suis une ambassadrice de joie, et je viens...

CLÉONTE.- Retire-toi, perfide, et ne me viens point amuser avec tes traîtresses paroles.

NICOLE.- Est-ce ainsi que vous recevez...

CLÉONTE.- Retire-toi, te dis-je, et va-t'en dire de ce pas à ton infidèle maîtresse, qu'elle n'abusera de sa vie le trop simple Cléonte.

NICOLE.- Quel vertigo [23] est-ce donc là ? Mon pauvre Covielle, dis-moi un peu ce que cela veut dire ?

COVIELLE.- Ton pauvre Covielle, petite scélérate ! Allons vite, ôte-toi de mes yeux, vilaine, et me laisse en repos.

NICOLE.- Quoi ? tu me viens aussi...

COVIELLE.- Ôte-toi de mes yeux, te dis-je, et ne me parle de ta vie.

NICOLE.- Ouais ! Quelle mouche les a piqués tous deux ? Allons de cette belle histoire informer ma maîtresse.

SCÈNE IX

CLÉONTE, COVIELLE.

CLÉONTE.- Quoi, traiter un amant de la sorte, et un amant le plus fidèle, et le plus passionné de tous les amants ?

COVIELLE.- C'est une chose épouvantable, que ce qu'on nous fait à tous deux.

CLÉONTE.- Je fais voir pour une personne toute l'ardeur, et toute la tendresse qu'on peut imaginer ; je n'aime rien au monde qu'elle, et je n'ai qu'elle dans l'esprit ; elle fait tous mes soins, tous mes désirs, toute ma joie ; je ne parle que d'elle, je ne pense qu'à elle, je ne fais des songes que d'elle, je ne respire que par elle, mon cœur vit tout en elle : et voilà de tant d'amitié la digne récompense ! Je suis deux jours sans la voir, qui sont pour moi deux siècles effroyables ; je la rencontre par hasard ; mon cœur à cette vue se sent tout transporté, ma joie éclate sur mon visage ; je vole avec ravissement vers elle ; et l'infidèle détourne de moi ses regards, et passe brusquement comme si de sa vie elle ne m'avait vu !

COVIELLE.- Je dis les mêmes choses que vous.

CLÉONTE.- Peut-on rien voir d'égal, Covielle, à cette perfidie de l'ingrate Lucile ?

COVIELLE.- Et à celle, Monsieur, de la pendarde de Nicole ?

CLÉONTE.- Après tant de sacrifices ardents, de soupirs, et de vœux que j'ai faits à ses charmes !

COVIELLE.- Après tant d'assidus hommages, de soins, et de services que je lui ai rendus dans sa cuisine !

CLÉONTE.- Tant de larmes que j'ai versées à ses genoux !

COVIELLE.- Tant de seaux d'eau que j'ai tirés au puits pour elle !

CLÉONTE.- Tant d'ardeur que j'ai fait paraître à la chérir plus que moi-même !

COVIELLE.- Tant de chaleur que j'ai soufferte à tourner la broche à sa place !

CLÉONTE.- Elle me fuit avec mépris !

COVIELLE.- Elle me tourne le dos avec effronterie !

CLÉONTE.- C'est une perfidie digne des plus grands châtiments.

COVIELLE.- C'est une trahison à mériter mille soufflets.

CLÉONTE.- Ne t'avise point, je te prie, de me parler jamais pour elle.

COVIELLE.- Moi, Monsieur ! Dieu m'en garde.

CLÉONTE.- Ne viens point m'excuser l'action de cette infidèle.

COVIELLE.- N'ayez pas peur.

CLÉONTE.- Non, vois-tu, tous tes discours pour la défendre, ne serviront de rien.

COVIELLE.- Qui songe à cela ?

CLÉONTE.- Je veux contre elle conserver mon ressentiment, et rompre ensemble tout commerce.

COVIELLE.- J'y consens.

CLÉONTE.- Ce Monsieur le Comte qui va chez elle, lui donne peut-être dans la vue ; et son esprit, je le vois bien, se laisse éblouir à la qualité. Mais il me faut, pour mon honneur, prévenir l'éclat de son inconstance. Je veux faire autant de pas qu'elle au changement où je la vois courir, et ne lui laisser pas toute la gloire de me quitter.

COVIELLE.- C'est fort bien dit, et j'entre pour mon compte dans tous vos sentiments.

CLÉONTE.- Donne la main à mon dépit, et soutiens ma résolution contre tous les restes d'amour qui me pourraient parler pour elle. Dis-m'en, je t'en conjure, tout le mal que tu pourras. Fais-moi de sa personne une peinture qui me la rende méprisable ; et marque-moi bien, pour m'en dégoûter, tous les défauts que tu peux voir en elle.

COVIELLE.- Elle, Monsieur ! Voilà une belle mijaurée [i] , une pimpesouée bien bâtie, pour vous donner tant d'amour ! Je ne lui vois rien que de très médiocre, et vous trouverez cent personnes qui seront plus dignes de vous. Premièrement, elle a les yeux petits.

CLÉONTE.- Cela est vrai, elle a les yeux petits ; mais elle les a pleins de feux, les plus brillants, les plus perçants du monde, les plus touchants qu'on puisse voir.

COVIELLE.- Elle a la bouche grande.

CLÉONTE.- Oui ; mais on y voit des grâces qu'on ne voit point aux autres bouches ; et cette bouche, en la voyant, inspire des désirs, est la plus attrayante, la plus amoureuse du monde.

COVIELLE.- Pour sa taille, elle n'est pas grande.

CLÉONTE.- Non ; mais elle est aisée, et bien prise.

COVIELLE.- Elle affecte une nonchalance dans son parler, et dans ses actions.

CLÉONTE.- Il est vrai ; mais elle a grâce à tout cela, et ses manières sont engageantes, ont je ne sais quel charme à s'insinuer dans les cœurs.

COVIELLE.- Pour de l'esprit...

CLÉONTE.- Ah ! elle en a, Covielle, du plus fin, du plus délicat.

COVIELLE.- Sa conversation...

CLÉONTE.- Sa conversation est charmante.

COVIELLE.- Elle est toujours sérieuse.

CLÉONTE.- Veux-tu de ces enjouements épanouis, de ces joies toujours ouvertes ? et vois-tu rien de plus impertinent, que des femmes qui rient à tout propos ?

COVIELLE.- Mais enfin elle est capricieuse autant que personne du monde.

CLÉONTE.- Oui, elle est capricieuse, j'en demeure d'accord ; mais tout sied bien aux belles, on souffre tout des belles.

COVIELLE.- Puisque cela va comme cela, je vois bien que vous avez envie de l'aimer toujours.

CLÉONTE.- Moi, j'aimerais mieux mourir ; et je vais la haïr autant que je l'ai aimée.

COVIELLE.- Le moyen, si vous la trouvez si parfaite.

CLÉONTE.- C'est en quoi ma vengeance sera plus éclatante ; en quoi je veux faire mieux voir la force de mon cœur, à la haïr, à la quitter, toute belle, toute pleine d'attraits, toute aimable que je la trouve. La voici.

SCÈNE X

CLÉONTE, LUCILE, COVIELLE, NICOLE.

NICOLE.- Pour moi, j'en ai été toute scandalisée.

LUCILE.- Ce ne peut être, Nicole, que ce que je dis. Mais le voilà.

CLÉONTE.- Je ne veux pas seulement lui parler.

COVIELLE.- Je veux vous imiter.

LUCILE.- Qu'est-ce donc, Cléonte ? qu'avez-vous ?

NICOLE.- Qu'as-tu donc, Covielle ?

LUCILE.- Quel chagrin vous possède ?

NICOLE.- Quelle mauvaise humeur te tient ?

LUCILE.- Êtes-vous muet, Cléonte ?

NICOLE.- As-tu perdu la parole, Covielle ?

CLÉONTE.- Que voilà qui est scélérat !

COVIELLE.- Que cela est Judas !

LUCILE.- Je vois bien que la rencontre de tantôt a troublé votre esprit.

CLÉONTE.- Ah, ah, on voit ce qu'on a fait.

NICOLE.- Notre accueil de ce matin t'a fait prendre la chèvre [24] .

COVIELLE.- On a deviné l'encloure [25] .

LUCILE.- N'est-il pas vrai, Cléonte, que c'est là le sujet de votre dépit ?

CLÉONTE.- Oui, perfide, ce l'est, puisqu'il faut parler ; et j'ai à vous dire que vous ne triompherez pas comme vous pensez de votre infidélité, que je veux être le premier à rompre avec vous, et que vous n'aurez pas l'avantage de me chasser. J'aurai de la peine, sans doute, à vaincre l'amour que j'ai pour vous ; cela me causera des chagrins : je souffrirai un temps ; mais j'en viendrai à bout, et je me percerai plutôt le cœur, que d'avoir la faiblesse de retourner à vous.

COVIELLE.- *Queussi, queumi* [26] .

LUCILE.- Voilà bien du bruit pour un rien. Je veux vous dire, Cléonte, le sujet qui m'a fait ce matin éviter votre abord.

CLÉONTE.- Non, je ne veux rien écouter.

NICOLE.- Je te veux apprendre la cause qui nous a fait passer si vite.

COVIELLE.- Je ne veux rien entendre.

LUCILE.- Sachez que ce matin...

CLÉONTE.- Non, vous dis-je.

NICOLE.- Apprends que...

COVIELLE.- Non, traîtresse.

LUCILE.- Écoutez.

CLÉONTE.- Point d'affaire.

NICOLE.- Laisse-moi dire.

COVIELLE.- Je suis sourd.

LUCILE.- Cléonte.

CLÉONTE.- Non.

NICOLE.- Covielle.

COVIELLE.- Point.

LUCILE.- Arrêtez.

CLÉONTE.- Chansons.

NICOLE.- Entends-moi.

COVIELLE.- Bagatelle.

LUCILE.- Un moment.

CLÉONTE.- Point du tout.

NICOLE.- Un peu de patience.

COVIELLE.- Tarare [27] .

LUCILE.- Deux paroles.

CLÉONTE.- Non, c'en est fait.

NICOLE.- Un mot.

COVIELLE.- Plus de commerce.

LUCILE.- Hé bien, puisque vous ne voulez pas m'écouter, demeurez dans votre pensée, et faites ce qu'il vous plaira.

NICOLE.- Puisque tu fais comme cela, prends-le tout comme tu voudras.

CLÉONTE.- Sachons donc le sujet d'un si bel accueil.

LUCILE.- Il ne me plaît plus de le dire.

COVIELLE.- Apprends-nous un peu cette histoire.

NICOLE.- Je ne veux plus, moi, te l'apprendre.

CLÉONTE.- Dites-moi...

LUCILE.- Non, je ne veux rien dire.

COVIELLE.- Conte-moi...

NICOLE.- Non, je ne conte rien.

CLÉONTE.- De grâce.

LUCILE.- Non, vous dis-je.

COVIELLE.- Par charité.

NICOLE.- Point d'affaire.

CLÉONTE.- Je vous en prie.

LUCILE.- Laissez-moi.

COVIELLE.- Je t'en conjure.

NICOLE.- Ôte-toi de là.

CLÉONTE.- Lucile.

LUCILE.- Non.

COVIELLE.- Nicole.

NICOLE.- Point.

CLÉONTE.- Au nom des Dieux !

LUCILE.- Je ne veux pas.

COVIELLE.- Parle-moi.

NICOLE.- Point du tout.

CLÉONTE.- Éclaircissez mes doutes.

LUCILE.- Non, je n'en ferai rien.

COVIELLE.- Guéris-moi l'esprit.

NICOLE.- Non, il ne me plaît pas.

CLÉONTE.- Hé bien, puisque vous vous souciez si peu de me tirer de peine, et de vous justifier du traitement indigne que vous avez fait à ma flamme, vous me voyez, ingrate, pour la dernière fois, et je vais loin de vous mourir de douleur et d'amour.

COVIELLE.- Et moi, je vais suivre ses pas.

LUCILE.- Cléonte.

NICOLE.- Covielle.

CLÉONTE.- Eh ?

COVIELLE.- Plaît-il ?

LUCILE.- Où allez-vous ?

CLÉONTE.- Où je vous ai dit.

COVIELLE.- Nous allons mourir.

LUCILE.- Vous allez mourir, Cléonte ?

CLÉONTE.- Oui, cruelle, puisque vous le voulez.

LUCILE.- Moi, je veux que vous mouriez ?

CLÉONTE.- Oui, vous le voulez.

LUCILE.- Qui vous le dit ?

CLÉONTE.- N'est-ce pas le vouloir, que de ne vouloir pas éclaircir mes soupçons ?

LUCILE.- Est-ce ma faute ? Et si vous aviez voulu m'écouter, ne vous aurais-je pas dit que l'aventure dont vous vous plaignez, a été causée ce matin par la présence d'une vieille tante, qui veut à toute force, que la seule approche d'un homme déshonore une fille ; qui perpétuellement nous sermonne sur ce chapitre, et nous figure tous les hommes comme des diables qu'il faut fuir.

NICOLE. - Voilà le secret de l'affaire.

CLÉONTE.- Ne me trompez-vous point, Lucile ?

COVIELLE.- Ne m'en donnes-tu point à garder ?

LUCILE.- Il n'est rien de plus vrai.

NICOLE.- C'est la chose comme elle est.

COVIELLE.- Nous rendrons-nous à cela ?

CLÉONTE.- Ah, Lucile, qu'avec un mot de votre bouche vous savez apaiser de choses dans mon cœur ! et que facilement on se laisse persuader aux personnes qu'on aime !

COVIELLE.- Qu'on est aisément amadoué par ces diantres d'animaux-là !

SCÈNE XI

MADAME JOURDAIN, CLÉONTE, LUCILE, COVIELLE, NICOLE.

MADAME JOURDAIN.- Je suis bien aise de vous voir, Cléonte, et vous voilà tout à propos. Mon mari vient, prenez vite votre temps pour lui demander Lucile en mariage.

CLÉONTE.- Ah, Madame, que cette parole m'est douce, et qu'elle flatte mes désirs ! Pouvais-je recevoir un ordre plus charmant ? une faveur plus précieuse ?

SCÈNE XII

MONSIEUR JOURDAIN, MADAME JOURDAIN, CLÉONTE, LUCILE, COVIELLE, NICOLE.

CLÉONTE.- Monsieur, je n'ai voulu prendre personne pour vous faire une demande que je médite il y a longtemps. Elle me touche assez pour m'en charger moi-même ; et sans autre détour, je vous dirai que l'honneur d'être votre gendre est une faveur glorieuse que je vous prie de m'accorder.

MONSIEUR JOURDAIN.- Avant que de vous rendre réponse, Monsieur, je vous prie de me dire, si vous êtes gentilhomme.

CLÉONTE.- Monsieur, la plupart des gens sur cette question, n'hésitent pas beaucoup. On tranche le mot aisément. Ce nom ne fait aucun scrupule à prendre, et l'usage aujourd'hui semble en autoriser le vol. Pour moi, je vous l'avoue, j'ai les sentiments sur cette matière un peu plus délicats. Je trouve que toute imposture est indigne d'un honnête homme, et qu'il y a de la lâcheté à déguiser ce que le Ciel nous a fait naître ; à se parer aux yeux du monde d'un titre dérobé, à se vouloir donner pour ce qu'on n'est pas. Je suis né de parents, sans doute, qui ont tenu des charges honorables. Je me suis acquis dans les armes l'honneur de six ans de services, et je me trouve assez de bien pour tenir dans le monde un rang assez passable : mais avec tout cela je ne veux point me donner un nom où d'autres en ma place croiraient pouvoir prétendre ; et je vous dirai franchement que je ne suis point gentilhomme.

MONSIEUR JOURDAIN.- Touchez là [28] , Monsieur. Ma fille n'est pas pour vous.

CLÉONTE.- Comment ?

MONSIEUR JOURDAIN.- Vous n'êtes point gentilhomme, vous n'aurez pas ma fille.

MADAME JOURDAIN.- Que voulez-vous donc dire avec votre gentilhomme ? Est-ce que nous sommes, nous autres, de la côte de saint Louis [29] ?

MONSIEUR JOURDAIN.- Taisez-vous, ma femme, je vous vois venir.

MADAME JOURDAIN.- Descendons-nous tous deux que [30] de bonne bourgeoisie ?

MONSIEUR JOURDAIN.- Voilà pas le coup de langue ?

MADAME JOURDAIN.- Et votre père n'était-il pas marchand aussi bien que le mien ?

MONSIEUR JOURDAIN.- Peste soit de la femme. Elle n'y a jamais manqué. Si votre père a été marchand, tant pis pour lui ; mais pour le mien, ce sont des malavisés qui disent cela. Tout ce que j'ai à vous dire, moi, c'est que je veux avoir un gendre gentilhomme.

MADAME JOURDAIN.- Il faut à votre fille un mari qui lui soit propre [31] , et il vaut mieux pour elle un honnête homme riche et bien fait, qu'un gentilhomme gueux [32] et mal bâti.

NICOLE.- Cela est vrai. Nous avons le fils du gentilhomme de notre village, qui est le plus grand malitorne [33] et le plus sot dadais que j'aie jamais vu.

MONSIEUR JOURDAIN.- Taisez-vous, impertinente. Vous vous fourrez toujours dans la conversation ; j'ai du bien assez pour ma fille, je n'ai besoin que d'honneur, et je la veux faire marquise.

MADAME JOURDAIN.- Marquise !

MONSIEUR JOURDAIN.- Oui, marquise.

MADAME JOURDAIN.- Hélas, Dieu m'en garde.

MONSIEUR JOURDAIN.- C'est une chose que j'ai résolue.

MADAME JOURDAIN.- C'est une chose, moi, où je ne consentirai point. Les alliances avec plus grand que soi, sont sujettes toujours à de fâcheux inconvénients. Je ne veux point qu'un gendre puisse à ma fille reprocher ses parents, et qu'elle ait des enfants qui aient honte de m'appeler leur grand-maman. S'il fallait qu'elle me vînt visiter en équipage de grand-dame, et qu'elle manquât par mégarde à saluer quelqu'un du quartier, on ne manquerait pas aussitôt de dire cent sottises. "Voyez-vous [34] , dirait-on, cette Madame la Marquise qui fait tant la glorieuse ? C'est la fille de Monsieur Jourdain, qui était trop heureuse, étant petite, de jouer à la Madame avec nous : elle n'a pas toujours été si relevée que la voilà ; et ses deux grands-pères vendaient du drap auprès de la porte Saint-Innocent. Ils ont amassé du bien à leurs enfants, qu'ils payent maintenant, peut-être, bien cher en l'autre monde, et l'on ne devient guère riches à être honnêtes gens." Je ne veux point tous ces caquets et je veux un homme en un mot qui m'ait obligation de ma fille, et à qui je puisse dire : "Mettez-vous là, mon gendre, et dînez avec moi".

MONSIEUR JOURDAIN.- Voilà bien les sentiments d'un petit esprit, de vouloir demeurer toujours dans la bassesse. Ne me répliquez pas davantage, ma fille sera marquise en dépit de tout le monde ; et si vous me mettez en colère, je la ferai duchesse.

MADAME JOURDAIN.- Cléonte, ne perdez point courage encore. Suivez-moi, ma fille, et venez dire résolument à votre père, que si vous ne l'avez, vous ne voulez épouser personne.

SCÈNE XIII

CLÉONTE, COVIELLE.

COVIELLE.- Vous avez fait de belles affaires, avec vos beaux sentiments.

CLÉONTE.- Que veux-tu ? J'ai un scrupule là-dessus, que l'exemple ne saurait vaincre.

COVIELLE.- Vous moquez-vous, de le prendre sérieusement avec un homme comme cela ? Ne voyez-vous pas qu'il est fou ? et vous coûtait-il quelque chose de vous accommoder à ses chimères ?

CLÉONTE.- Tu as raison ; mais je ne croyais pas qu'il fallût faire ses preuves de noblesse, pour être gendre de Monsieur Jourdain.

COVIELLE.- Ah, ah, ah.

CLÉONTE.- De quoi ris-tu ?

COVIELLE.- D'une pensée qui me vient pour jouer notre homme, et vous faire obtenir ce que vous souhaitez.

CLÉONTE.- Comment ?

COVIELLE.- L'idée est tout à fait plaisante.

CLÉONTE.- Quoi donc ?

COVIELLE.- Il s'est fait depuis peu une certaine mascarade qui vient le mieux du monde ici, et que je prétends faire entrer dans une bourle [i] que je veux faire à notre ridicule. Tout cela sent un peu sa comédie ; mais avec lui on peut hasarder toute chose, il n'y faut point chercher tant de façons, et il est homme [35] à y jouer son rôle à merveille ; à donner [36] aisément dans toutes les fariboles qu'on s'avisera de lui dire. J'ai les acteurs, j'ai les habits tout prêts, laissez-moi faire seulement.

CLÉONTE.- Mais apprends-moi...

COVIELLE.- Je vais vous instruire de tout ; retirons-nous, le voilà qui revient.

SCÈNE XIV

MONSIEUR JOURDAIN, LAQUAIS.

MONSIEUR JOURDAIN.- Que diable est-ce là ! Ils n'ont rien que les grands seigneurs à me reprocher [37] ; et moi, je ne vois rien de si beau, que de hanter les grands seigneurs ; il n'y a qu'honneur et que civilité avec eux, et je voudrais qu'il m'eût coûté deux doigts de la main, et être né comte ou marquis.

LAQUAIS.- Monsieur, voici Monsieur le Comte, et une dame qu'il mène par la main.

MONSIEUR JOURDAIN.- Hé mon Dieu, j'ai quelques ordres donner. Dis-leur que je vais venir ici tout à l'heure.

SCÈNE XV

DORIMÈNE, DORANTE, LAQUAIS.

LAQUAIS.- Monsieur dit comme cela, qu'il va venir ici tout à l'heure.

DORANTE.- Voilà qui est bien.

DORIMÈNE.- Je ne sais pas, Dorante ; je fais encore ici une étrange démarche, de me laisser amener par vous dans une maison où je ne connais personne.

DORANTE.- Quel lieu voulez-vous donc, Madame, que mon amour choisisse pour vous régaler [38] , puisque pour fuir l'éclat, vous ne voulez ni votre maison, ni la mienne ?

DORIMÈNE.- Mais vous ne dites pas que je m'engage insensiblement chaque jour à recevoir de trop grands témoignages de votre passion ? J'ai beau me défendre des choses, vous fatiguez ma résistance, et vous avez une civile opiniâtreté qui me fait venir doucement à tout ce qu'il vous plaît. Les visites fréquentes ont commencé ; les déclarations sont venues ensuite, qui après elles ont traîné les sérénades et les cadeaux [39] , que les présents ont suivis. Je me suis opposée à tout cela, mais vous ne vous rebutez point, et pied à pied vous gagnez mes résolutions. Pour moi je ne puis plus répondre de rien, et je crois qu'à la fin vous me ferez venir au mariage dont je me suis tant éloignée.

DORANTE.- Ma foi, Madame, vous y devriez déjà être. Vous êtes veuve, et ne dépendez que de vous. Je suis maître de moi, et vous aime plus que ma vie. À quoi tient-il que dès aujourd'hui vous ne fassiez tout mon bonheur ?

DORIMÈNE.- Mon Dieu, Dorante, il faut des deux parts bien des qualités pour vivre heureusement ensemble ; et les deux plus raisonnables personnes du monde, ont souvent peine à composer une union dont ils soient satisfaits.

DORANTE.- Vous vous moquez, Madame, de vous y figurer tant de difficultés ; et l'expérience que vous avez faite, ne conclut rien pour tous les autres.

DORIMÈNE.- Enfin j'en reviens toujours là. Les dépenses que je vous vois faire pour moi, m'inquiètent par deux raisons ; l'une, qu'elles m'engagent plus que je ne voudrais ; et l'autre, que je suis sûre, sans vous déplaire, que vous ne les faites point, que vous ne vous incommodiez [40] ; et je ne veux point cela.

DORANTE.- Ah, Madame, ce sont des bagatelles, et ce n'est pas par là...

DORIMÈNE.- Je sais ce que je dis ; et entre autres le diamant que vous m'avez forcée à prendre, est d'un prix...

DORANTE.- Eh, Madame, de grâce, ne faites point tant valoir une chose que mon amour trouve indigne de vous ; et souffrez... Voici le maître du logis.

SCÈNE XVI

MONSIEUR JOURDAIN, DORIMÈNE, DORANTE, LAQUAIS.

MONSIEUR JOURDAIN, après avoir fait deux révérences, se trouvant trop près de Dorimène.- Un peu plus loin, Madame.

DORIMÈNE.- Comment ?

MONSIEUR JOURDAIN.- Un pas, s'il vous plaît.

DORIMÈNE.- Quoi donc ?

MONSIEUR JOURDAIN.- Reculez un peu, pour la troisième.

DORANTE.- Madame, Monsieur Jourdain sait son monde.

MONSIEUR JOURDAIN.- Madame, ce m'est une gloire bien grande, de me voir assez fortuné, pour être si heureux, que d'avoir le bonheur, que vous ayez eu la bonté de m'accorder la grâce, de me faire l'honneur, de m'honorer de la faveur de votre présence : et si j'avais aussi le mérite, pour mériter un mérite comme le vôtre, et que le Ciel... envieux de mon bien... m'eût accordé... l'avantage de me voir digne... des...

DORANTE.- Monsieur Jourdain, en voilà assez ; Madame n'aime pas les grands compliments, et elle sait que vous êtes homme d'esprit. Bas, à Dorimène. C'est un bon bourgeois assez ridicule, comme vous voyez, dans toutes ses manières.

DORIMÈNE.- Il n'est pas malaisé de s'en apercevoir.

DORANTE.- Madame, voilà le meilleur de mes amis.

MONSIEUR JOURDAIN.- C'est trop d'honneur que vous me faites.

DORANTE.- Galant homme tout à fait.

DORIMÈNE.- J'ai beaucoup d'estime pour lui.

MONSIEUR JOURDAIN.- Je n'ai rien fait encore, Madame, pour mériter cette grâce.

DORANTE, bas, à M. Jourdain.- Prenez bien garde au moins, à ne lui point parler du diamant que vous lui avez donné.

MONSIEUR JOURDAIN.- Ne pourrais-je pas seulement lui demander comment elle le trouve ?

DORANTE.- Comment ? gardez-vous-en bien. Cela serait vilain à vous ; et pour agir en galant homme, il faut que vous fassiez comme si ce n'était pas vous qui lui eussiez fait ce présent. Monsieur Jourdain, Madame, dit qu'il est ravi de vous voir chez

DORIMÈNE.- Il m'honore beaucoup.

MONSIEUR JOURDAIN.- Que je vous suis obligé, Monsieur, de lui parler ainsi pour moi !

DORANTE.- J'ai eu une peine effroyable à la faire venir ici.

MONSIEUR JOURDAIN.- Je ne sais quelles grâces vous en rendre.

DORANTE.- Il dit, Madame, qu'il vous trouve la plus belle personne du monde.

DORIMÈNE.- C'est bien de la grâce qu'il me fait.

MONSIEUR JOURDAIN.- Madame, c'est vous qui faites les grâces, et...

DORANTE.- Songeons à manger.

LAQUAIS.- Tout est prêt, Monsieur.

DORANTE.- Allons donc nous mettre à table, et qu'on fasse venir les musiciens.

Six cuisiniers, qui ont préparé le festin, dansent ensemble, et font le troisième intermède ; après quoi, ils apportent une table couverte de plusieurs mets.

[1] *Carême-prenant* : synonyme de Carême approchant ; au sens large, tout le temps du Carnaval, depuis le jour des Rois.

[2] *Prérogative* : "privilège, avantage qu'une personne a sur une autre" (Dictionnaire de Furetière, 1690).

[3] *Pour renfort de potage* : "pour corser le menu".

[4] *Sans doute* : sans aucun doute.

[5] VAR. Tout ce qui est prose, n'est point vers ; et tout ce qui n'est point vers est prose (1682).

[6] *Poudre* : poussière.

[i] Çamon (ou *c'est mon*) : interjection populaire servant à renforcer une affirmation (certes, c'est sûr...).

[7] *Vous avez bien opéré* : vous avez bien réussi.

[8] *Embéguiné* : entiché.

[9] *Caresses* : "démonstrations d'amitié ou de bienveillance" (Dictionnaire de Furetière, 1690).

[i] Baste : suffit (de l'italien *basta*).

[10] "On dit quand on voit quelque chose qui déplaît : *il me semble que j'ai dîné*" (Dictionnaire de Furetière, 1690).

[11] *Propre* : élégant.

[12] On dit proverbialement que l'*on gratte un homme où il lui démange* pour dire qu'on fait ou qu'on dit quelque chose qui lui plaît et à quoi il est extrêmement sensible (Dictionnaire de l'Académie, 1694).

[13] *Mettez* : mettez votre chapeau, couvrez-vous.

[14] Formule traditionnelle et banale de civilité bourgeoise.

[15] *Plumassier* : "marchand qui vend et qui prépare les plumes pour mettre sur les chapeaux, les lits et les dais" (Dictionnaire de Furetière, 1690).

[16] *Votre marchand* : votre "pourvoyeur", marchand unique que les grands seigneurs choisissaient pour qu'il leur fournît tout ce qui était nécessaire à leur maison.

[i] Et si : et pourtant. Ce refus de répondre et d'engager la conversation est cité tel quel par le dictionnaire de l'Académie de 1694, à l'article *Teste* ; il est nettement populaire.

[17] *Trédame* : abréviation de "Notre Dame" ; exclamation populaire.

[18] *Grouiller* : trembler.

[19] *Je rêve* : je suis distrait.

[20] VAR. je l'ai fait consentir enfin au régale que vous lui voulez donner (1682).

[21] On dit d'un importun qu'*on l'a toujours sur les épaules* (Dictionnaire de Furetière, 1690).

[22] VAR. et le régale que vous lui préparez (1682).

[23] *Vertigo* : caprice soudain.

[i] Mijaurée : femme qui fait la délicate, la précieuse. *Pimpesouée* : femme prétentieuse, avec de petites manières ridicules (on reconnaît dans ce mot le vieux verbe *pimper*, dont il reste *pimpant* dans la langue actuelle, et le vieil adjectif *souef*, doux).

[24] *Prendre la chèvre* : se fâcher pour peu de chose.

[25] *L'enclouure* : la blessure, la difficulté cachée.

[26] *Queussi, queumi* : moi de même.

[27] *Tarare* : exclamation de refus moqueur.

[28] *Touchez là* annonce un accord, ce qui rend d'autant plus surprenant le refus qui suit.

[29] *De la côte de saint Louis* : de la race de saint Louis

30] *Descendons-nous tous deux que de bonne bourgeoisie* : sommes-nous d'une autre souche que de la bonne bourgeoisie ?

31] *Propre* : convenable.

32] *Gueux* : pauvre, sans le sou.

33] *Malitorne* : maladroit.

34] Les guillemets sont ajoutés par nous, ainsi que dans la suite de la tirade.

i] Bourle est la francisation de l'italien *burla* et signifie farce, tour que l'on joue à quelqu'un.

35] VAR. tant de façons ; il est homme (1682).

36] VAR. à merveille et à donner (1682).

37] *Ils n'ont rien que les grands seigneurs à me reprocher* : ils ne ont que me reprocher les grands seigneurs.

38] *Pour vous régaler* : pour vous offrir une fête.

39] Un *cadeau* est principalement un repas offert à des dames à la campagne.

40] *Que vous ne vous incommodiez* : sans que vous ne compromettiez votre situation financière.

ACTE IV, SCÈNE PREMIÈRE

DORANTE, DORIMÈNE, MONSIEUR JOURDAIN, DEUX MUSICIENS, UNE MUSICIENNE, LAQUAIS.

DORIMÈNE.— Comment, Dorante, voilà un repas tout à fait magnifique !

MONSIEUR JOURDAIN.— Vous vous moquez, Madame, et je voudrais qu'il fût plus digne de vous être offert.

Tous se mettent à table.

DORANTE.— Monsieur Jourdain a raison, Madame, de parler de la sorte, et il m'oblige de vous faire si bien les honneurs de chez lui. Je demeure d'accord avec lui, que le repas n'est pas digne de vous. Comme c'est moi qui l'ai ordonné, et que je n'ai pas sur cette matière les lumières de nos amis, vous n'avez pas ici un repas fort savant, et vous y trouverez des incongruités de bonne chère, et des barbarismes de bon goût. Si Damis s'en était mêlé , tout serait dans les règles ; il y aurait partout de l'élégance et de l'érudition, et il ne manquerait pas de vous exagérer lui-même toutes les pièces du repas qu'il vous donnerait, et de vous faire tomber d'accord de sa haute capacité dans la science des bons morceaux ; de vous parler d'un pain de rive , à biseau doré, relevé de croûte partout, croquant tendrement sous la dent ; d'un vin à sève veloutée, armé d'un vert qui n'est point trop commandant ; d'un carré de mouton gourmandé de persil [1] ; d'une longe de veau de rivière, longue comme cela, blanche, délicate, et qui sous les dents est une vraie pâte d'amande ; de perdrix relevées d'un fumet surprenant ; et pour son opéra [2] , d'une soupe à bouillon perlé, soutenue d'un jeune gros dindon, cantonné [3] de pigeonneaux, et couronnée d'oignons blancs, mariés avec la chicorée. Mais pour moi, je vous avoue mon ignorance ; et comme Monsieur Jourdain a fort bien dit, je voudrais que le repas fût plus digne de vous être offert.

DORIMÈNE.- Je ne réponds à ce compliment, qu'en mangeant comme je fais.

MONSIEUR JOURDAIN.- Ah que voilà de belles mains !

DORIMÈNE.- Les mains sont médiocres, Monsieur Jourdain ; mais vous voulez parler du diamant qui est fort beau.

MONSIEUR JOURDAIN.- Moi, Madame ! Dieu me garde d'en vouloir parler ; ce ne serait pas agir en galant homme, et le diamant est fort peu de chose.

DORIMÈNE.- Vous êtes bien dégoûté.

MONSIEUR JOURDAIN.- Vous avez trop de bonté...

DORANTE.- Allons, qu'on donne du vin à Monsieur Jourdain, et à ces Messieurs qui nous feront [4] la grâce de nous chanter un air à boire.

DORIMÈNE.- C'est merveilleusement assaisonner la bonne chère, que d'y mêler la musique, et je me vois ici admirablement régalée.

MONSIEUR JOURDAIN.- Madame, ce n'est pas...

DORANTE.- Monsieur Jourdain, prêtons silence à ces Messieurs ; ce qu'ils nous diront [5] , vaudra mieux que tout ce que nous pourrions dire.

Les musiciens et la musicienne prennent des verres, chantent deux chansons à boire, et sont soutenus de toute la symphonie.

PREMIÈRE CHANSON À BOIRE

Un petit doigt, Philis, pour commencer le tour.
Ah ! qu'un verre en vos mains a d'agréables charmes !
Vous, et le vin, vous vous prêtez des armes,
Et je sens pour tous deux redoubler mon amour :
Entre lui, vous et moi, jurons, jurons, ma belle,
Une ardeur éternelle.

Qu'en mouillant votre bouche il en reçoit d'attraits,
Et que l'on voit par lui votre bouche embellie !
Ah ! l'un de l'autre ils me donnent envie,
Et de vous et de lui je m'enivre à longs traits :
Entre lui, vous et moi, jurons, jurons, ma belle,
Une ardeur éternelle.

SECONDE CHANSON À BOIRE

Buvons, chers amis, buvons :
Le temps qui fuit nous y convie ;
Profitons de la vie
Autant que nous pouvons :
Quand on a passé l'onde noire,
Adieu le bon vin, nos amours ;
Dépêchons-nous de boire,
On ne boit pas toujours.

Laissons raisonner les sots
Sur le vrai bonheur de la vie ;
Notre philosophie
Le met parmi les pots :
Les biens, le savoir et la gloire,
N'ôtent point les soucis fâcheux ;
Et ce n'est qu'à bien boire
Que l'on peut être heureux [6] .

Sus, sus du vin partout, versez, garçons versez,
Versez, versez toujours, tant qu'on vous dise assez.

DORIMÈNE.- Je ne crois pas qu'on puisse mieux chanter, et cela est tout à fait beau.

MONSIEUR JOURDAIN.- Je vois encore ici, Madame, quelque chose de plus beau.

DORIMÈNE.- Ouais. Monsieur Jourdain est galant plus que je ne pensais.

DORANTE.- Comment, Madame, pour qui prenez-vous Monsieur Jourdain ?

MONSIEUR JOURDAIN.- Je voudrais bien qu'elle me prît pour ce que je dirais.

DORIMÈNE.- Encore !

DORANTE.- Vous ne le connaissez pas.

MONSIEUR JOURDAIN.- Elle me connaîtra quand il lui plaira.

DORIMÈNE.- Oh je le quitte.

DORANTE.- Il est homme qui a toujours la riposte en main. Mais vous ne voyez pas que Monsieur Jourdain, Madame, mange tous les morceaux que vous touchez [7] .

DORIMÈNE.- Monsieur Jourdain est un homme qui me ravit.

MONSIEUR JOURDAIN.- Si je pouvais ravir votre cœur, je serais...

SCÈNE II

MADAME JOURDAIN, MONSIEUR JOURDAIN, DORIMÈNE, DORANTE, MUSICIENS, MUSICIENNE, LAQUAIS.

MADAME JOURDAIN.- Ah, ah, je trouve ici bonne compagnie, je vois bien qu'on ne m'y attendait pas. C'est donc pour cette belle affaire-ci, Monsieur mon mari, que vous avez eu tant d'empressement à m'envoyer dîner chez ma sœur ? Je viens de voir un théâtre là-bas [8] , et je vois ici un banquet à faire noces. Voilà comme vous dépensez votre bien, et c'est ainsi que vous festinez les dames en mon absence, et que vous leur donnez la musique et la comédie, tandis que vous m'envoyez promener ?

DORANTE.- Que voulez-vous dire, Madame Jourdain ? et quelles fantaisies sont les vôtres, de vous aller mettre en tête que votre mari dépense son bien, et que c'est lui qui donne ce régale à Madame ? Apprenez que c'est moi, je vous prie ; qu'il ne fait seulement que me prêter sa maison, et que vous devriez un peu mieux regarder aux choses que vous dites.

MONSIEUR JOURDAIN.- Oui, impertinente, c'est Monsieur le Comte qui donne tout ceci à Madame, qui est une personne de qualité. Il me fait l'honneur de prendre ma maison, et de vouloir que je sois avec lui.

MADAME JOURDAIN.- Ce sont des chansons que cela ; je sais ce que je sais.

DORANTE.- Prenez, Madame Jourdain, prenez de meilleures lunettes.

MADAME JOURDAIN.- Je n'ai que faire de lunettes, Monsieur, et je vois assez clair ; il y a longtemps que je sens les choses, et je ne suis pas une bête. Cela est fort vilain à vous, pour un grand seigneur, de prêter la main comme vous faites aux sottises de mon mari. Et vous, Madame, pour une grande Dame, cela n'est ni beau, ni honnête à vous, de mettre de la dissension dans un ménage, et de souffrir que mon mari soit amoureux de vous.

DORIMÈNE.- Que veut donc dire tout ceci ? Allez, Dorante, vous vous moquez, de m'exposer aux sottes visions de cette extravagante.

DORANTE.- Madame, holà Madame, où courez-vous ?

MONSIEUR JOURDAIN.- Madame. Monsieur le Comte, faites-lui excuses, et tâchez de la ramener. Ah, impertinente que vous êtes, voilà de vos beaux faits ; vous me venez faire des affronts devant tout le monde, et vous chassez de chez moi des personnes de qualité.

MADAME JOURDAIN.- Je me moque de leur qualité.

MONSIEUR JOURDAIN.- Je ne sais qui me tient, maudite, que je ne vous fende la tête avec les pièces du repas que vous êtes venue troubler.

On ôte la table.

MADAME JOURDAIN, sortant.- Je me moque de cela. Ce sont mes droits que je défends, et j'aurai pour moi toutes les femmes.

MONSIEUR JOURDAIN.- Vous faites bien d'éviter ma colère. Elle est arrivée là bien malheureusement. J'étais en humeur de dire de jolies choses, et jamais je ne m'étais senti tant d'esprit. Qu'est-ce que c'est que cela ?

SCÈNE III

COVIELLE, déguisé en voyageur, MONSIEUR JOURDAIN, LAQUAIS.

COVIELLE.- Monsieur, je ne sais pas si j'ai l'honneur d'être connu de vous.

MONSIEUR JOURDAIN.- Non, Monsieur.

COVIELLE.- Je vous ai vu que vous n'étiez pas plus grand que cela.

MONSIEUR JOURDAIN.- Moi !

COVIELLE.- Oui, vous étiez le plus bel enfant du monde, et toutes les dames vous prenaient dans leurs bras pour vous baiser.

MONSIEUR JOURDAIN.- Pour me baiser !

COVIELLE.- Oui. J'étais grand ami de feu Monsieur votre père.

MONSIEUR JOURDAIN.- De feu Monsieur mon père !

COVIELLE.- Oui. C'était un fort honnête gentilhomme.

MONSIEUR JOURDAIN.- Comment dites-vous ?

COVIELLE.- Je dis que c'était un fort honnête gentilhomme.

MONSIEUR JOURDAIN.- Mon père !

COVIELLE.- Oui.

MONSIEUR JOURDAIN.- Vous l'avez fort connu ?

COVIELLE.- Assurément.

MONSIEUR JOURDAIN.- Et vous l'avez connu pour gentilhomme ?

COVIELLE.- Sans doute.

MONSIEUR JOURDAIN.- Je ne sais donc pas comment le monde est fait.

COVIELLE.- Comment ?

MONSIEUR JOURDAIN.- Il y a de sottes gens qui me veulent dire qu'il a été marchand.

COVIELLE.- Lui marchand ! C'est pure médisance, il ne l'a jamais été. Tout ce qu'il faisait, c'est qu'il était fort obligeant, fort officieux ; et comme il se connaissait fort bien en étoffes, il en allait choisir de tous les côtés, les faisait apporter chez lui, et en donnait à ses amis pour de l'argent.

MONSIEUR JOURDAIN.- Je suis ravi de vous connaître, afin que vous rendiez ce témoignage-là que mon père était gentilhomme.

COVIELLE.- Je le soutiendrai devant tout le monde.

MONSIEUR JOURDAIN.- Vous m'obligerez. Quel sujet vous amène ?

COVIELLE.- Depuis avoir connu feu Monsieur votre père honnête gentilhomme, comme je vous ai dit, j'ai voyagé par tout le monde.

MONSIEUR JOURDAIN.- Par tout le monde !

COVIELLE.- Oui.

MONSIEUR JOURDAIN.- Je pense qu'il y a bien loin en ce pays-là.

COVIELLE.- Assurément. Je ne suis revenu de tous mes longs voyages que depuis quatre jours ; et par l'intérêt que je prends à tout ce qui vous touche, je viens vous annoncer la meilleure nouvelle du monde.

MONSIEUR JOURDAIN.- Quelle ?

COVIELLE.- Vous savez que le fils du Grand Turc est ici ?

MONSIEUR JOURDAIN.- Moi ? Non.

COVIELLE.- Comment ! Il a un train tout à fait magnifique ; tout le monde le va voir, et il a été reçu en ce pays comme un seigneur d'importance.

MONSIEUR JOURDAIN.- Par ma foi, je ne savais pas cela.

COVIELLE.- Ce qu'il y a d'avantageux pour vous, c'est qu'il est amoureux de votre fille.

MONSIEUR JOURDAIN.- Le fils du Grand Turc ?

COVIELLE.- Oui ; et il veut être votre gendre.

MONSIEUR JOURDAIN.- Mon gendre, le fils du Grand Turc !

COVIELLE.- Le fils du Grand Turc votre gendre. Comme je le fus voir, et que j'entends parfaitement sa langue, il s'entretint avec moi ; et après quelques autres discours, il me dit. *Acciam croc soler ouch alla moustaph gidelum amanahem varahini oussere carbulath*, c'est-à-dire ; "N'as-tu point vu une jeune belle personne, qui est la fille de Monsieur Jourdain, gentilhomme parisien [9] ?"

MONSIEUR JOURDAIN.- Le fils du Grand Turc dit cela de moi ?

COVIELLE.- Oui. Comme je lui eus répondu que je vous connaissais particulièrement, et que j'avais vu votre fille : "Ah, me dit-il, *marababa sahem*" ; c'est-à-dire, "Ah que je suis amoureux d'elle !"

MONSIEUR JOURDAIN.- *Marababa sahem* veut dire "Ah que je suis amoureux d'elle" ?

COVIELLE.- Oui.

MONSIEUR JOURDAIN.- Par ma foi, vous faites bien de me l dire, car pour moi je n'aurais jamais cru que *marababa sahem* e

/oulu dire, "Ah que je suis amoureux d'elle !" Voilà une langue admirable, que ce turc !

COVIELLE.- Plus admirable qu'on ne peut croire. Savez-vous bien ce que veut dire *cacaracamouchen* ?

MONSIEUR JOURDAIN.- *Cacaracamouchen* ? Non.

COVIELLE.- C'est-à-dire, "Ma chère âme."

MONSIEUR JOURDAIN.- *Cacaracamouchen* veut dire, "ma chère âme" ?

COVIELLE.- Oui.

MONSIEUR JOURDAIN.- Voilà qui est merveilleux ! *Cacaracamouchen*, "Ma chère âme." Dirait-on jamais cela ? Voilà qui me confond.

COVIELLE.- Enfin, pour achever mon ambassade, il vient vous demander votre fille en mariage ; et pour avoir un beau-père qui soit digne de lui, il veut vous faire mamamouchi, qui est une certaine grande dignité de son pays.

MONSIEUR JOURDAIN.- *Mamamouchi* ?

COVIELLE.- Oui, *Mamamouchi* : c'est-à-dire en notre langue, paladin [10] . Paladin, ce sont de ces anciens... Paladin enfin. Il n'y a rien de plus noble que cela dans le monde ; et vous irez de pair avec les plus grands seigneurs de la terre.

MONSIEUR JOURDAIN.- Le fils du Grand Turc m'honore beaucoup, et je vous prie de me mener chez lui, pour lui en faire [11] mes remerciements.

COVIELLE.- Comment ? le voilà qui va venir ici.

MONSIEUR JOURDAIN.- Il va venir ici ?

COVIELLE.- Oui ; et il amène toutes choses pour la cérémonie de votre dignité.

MONSIEUR JOURDAIN.- Voilà qui est bien prompt.

COVIELLE.- Son amour ne peut souffrir aucun retardement.

MONSIEUR JOURDAIN.- Tout ce qui m'embarrasse ici, c'est que ma fille est une opiniâtre, qui s'est allée mettre dans la tête un certain Cléonte, et elle jure de n'épouser personne que celui-là.

COVIELLE.- Elle changera de sentiment, quand elle verra le fils du Grand Turc ; et puis il se rencontre ici une aventure merveilleuse, c'est que le fils du Grand Turc ressemble à ce Cléonte, à peu de chose près. Je viens de le voir, on me l'a montré ; et l'amour qu'elle a pour l'un, pourra passer aisément à l'autre, et... Je l'entends venir ; le voilà.

SCÈNE IV

CLÉONTE en Turc, avec trois pages portant sa veste [12] , MONSIEUR JOURDAIN, COVIELLE déguisé.

CLÉONTE.- *Ambousahim oqui boraf, Iordina salamalequi.*

COVIELLE.- C'est-à-dire : "Monsieur Jourdain, votre cœur soit toute l'année comme un rosier fleuri [13] ." Ce sont façons de parler obligeantes de ces pays-là.

MONSIEUR JOURDAIN.- Je suis très humble serviteur de Son Altesse Turque.

COVIELLE.- *Carigar camboto oustin moraf.*

CLÉONTE.- *Oustin yoc catamalequi basum base alla moran.*

COVIELLE.- Il dit "que le Ciel vous donne la force des lions, et la prudence des serpents".

MONSIEUR JOURDAIN.- Son Altesse Turque m'honore trop, et je lui souhaite toutes sortes de prospérités.

COVIELLE.- *Ossa binamen sadoc babally oracaf ouram.*

CLÉONTE.- *Bel-men.*

COVIELLE.- Il dit que vous alliez vite avec lui vous préparer pour la cérémonie, afin de voir ensuite votre fille, et de conclure le mariage.

MONSIEUR JOURDAIN.- Tant de choses en deux mots ?

COVIELLE.- Oui, la langue turque est comme cela, elle dit beaucoup en peu de paroles. Allez vite où il souhaite.

SCÈNE V

DORANTE, COVIELLE.

COVIELLE.- Ha, ha, ha. Ma foi, cela est tout à fait drôle. Quelle dupe ! Quand il aurait appris son rôle par cœur, il ne pourrait pas le mieux jouer. Ah, ah. Je vous prie, Monsieur, de nous vouloir aider céans dans une affaire qui s'y passe.

DORANTE.- Ah, ah, Covielle, qui t'aurait reconnu ? Comme te voilà ajusté !

COVIELLE.- Vous voyez. Ah, ah.

DORANTE.- De quoi ris-tu ?

COVIELLE.- D'une chose, Monsieur, qui la mérite bien [14] .

DORANTE.- Comment ?

COVIELLE.- Je vous le donnerais en bien des fois, Monsieur, à deviner, le stratagème dont nous nous servons auprès de Monsieur Jourdain, pour porter son esprit à donner sa fille à mon maître.

DORANTE.- Je ne devine point le stratagème, mais je devine qu'il ne manquera pas de faire son effet, puisque tu l'entreprends.

COVIELLE.- Je sais, Monsieur, que la bête [15] vous est connue.

DORANTE.- Apprends-moi ce que c'est.

COVIELLE.- Prenez la peine de vous tirer un peu plus loin, pour faire place à ce que j'aperçois venir. Vous pourrez voir une partie de l'histoire, tandis que je vous conterai le reste.

La cérémonie turque pour ennoblir le Bourgeois, se fait en dance et en musique, et compose le quatrième intermède.

Le Mufti, quatre Dervis, six turcs dansant, six turcs musiciens, et autres joueurs d'instruments à la turque, sont les acteurs de cette cérémonie.

LE MUFTI

Se ti sabir,
Ti respondir
Se non sabir
Tazir, tazir.

Mi star Mufti
Ti qui star ti
Non intendir
Tazir, tazir.

Le Mufti demande en même langue aux Turcs assistants, de quelle religion est le Bourgeois, et ils l'assurent qu'il est mahométan. Le Mufti invoque Mahomet en langue franque, et chante les paroles qui suivent.

LE MUFTI

Mahameta per Giourdina
Mi pregar sera e mattina
Voler far un Paladina
De Giourdina, de Giourdina.
Dar turbanta, é edar scarcina
Con galera e brigantina
Per deffender Palestina.
Mahameta, etc.

Le Mufti demande aux Turcs si le Bourgeois sera ferme dans la religion mahométane, et leur chante ces paroles.

LE MUFTI

Star bon Turca Giourdina.

LES TURCS

Hi valla.

LE MUFTI danse et chante ces mots.

Hu la ba ba la chou ba la ba ba la da.

Les Turcs répondent les mêmes vers.
Le Mufti propose de donner le turban au Bourgeois, et chante les paroles qui suivent.

LE MUFTI s'adressant au Bourgeois.

Ti non star furba.

LES TURCS

No, no, no.

LE MUFTI

Non star forfanta ?

LES TURCS

No, no, no.

LE MUFTI aux Turcs.

Donar turbanta. Donar turbanta.

Les Turcs répètent tout ce qu'a dit le Mufti pour donner le turban au Bourgeois. Le Mufti et les Dervis se coiffent avec des turbans de cérémonies, et l'on présente au Mufti l'Alcoran, qui fait une seconde invocation avec tout le reste des turcs assistants ; après son invocation il donne au Bourgeois l'épée, et chante ces paroles.

LE MUFTI

Ti star nobile, non star fabola.
Pigliar schiabola.

Puis il se retire.

Les Turcs répètent les mêmes vers, mettant tous le sabre à la main, et six d'entre eux dansent autour du Bourgeois, auquel ils feignent de donner plusieurs coups de sabre.

LE MUFTI commande aux Turcs de bâtonner
le Bourgeois, et chante les paroles qui suivent.

Dara, dara,
bastonara, bastonara.

Les Turcs répètent les mêmes vers, et lui donnent plusieurs coups de bâton en cadence.

LE MUFTI

Non tener honta
Questa star l'ultima affronta.

Les Turcs répètent les mêmes vers.

Le Mufti recommence une invocation et se retire après la cérémonie avec tous les Turcs, en dansant et chantant avec plusieurs instruments à la turque.

[1] *Gourmandé de persil* : piqué de persil.

[2] *Opéra* : chef d' ?uvre.

[3] *Cantonné* : flanqué.

[4] ... et à ces messieurs et à ces dames qui nous feront (1682).

[5] VAR. ce qu'ils nous feront entendre (1682).

[6] VAR. Quand on a passé l'onde noire,
Adieu le bon vin, nos amours ;
Dépêchons-nous de boire,
On ne boit pas toujours. (1682).

[7] VAR. tous les morceaux que vous avez touchés (1682).

[8] Madame Jourdain a vu dans l'entrée de la maison le cortège conduit par Covielle.

[9] Les guillemets sont ajoutés par nous, ainsi que dans la suite de la scène.

[10] *Paladin* est le nom donné, dans les romans de chevalerie, aux seigneurs qui suivaient Charlemagne.

[11] VAR. pour lui en faire (1671).

[12] *Sa veste* : c'est, selon Richelet, un long habit de dessous chez les orientaux ; les pages en portent les pans comme une traîne.

[13] Les guillemets sont ajoutés par nous, ainsi que dans la suite de la scène.

[14] VAR. qui le mérite bien (1682).

[15] *La bête* : Covielle se désigne lui-même par ces mots.

ACTE V, SCÈNE PREMIÈRE

MADAME JOURDAIN, MONSIEUR JOURDAIN.

MADAME JOURDAIN.- Ah mon Dieu, miséricorde ! Qu'est-ce que c'est donc que cela ? Quelle figure ! Est-ce un momon que vous allez porter [1] ; et est-il temps d'aller en masque ? Parlez donc, qu'est-ce que c'est que ceci ? Qui vous a fagoté comme cela ?

MONSIEUR JOURDAIN.- Voyez l'impertinente, de parler de la sorte à un Mamamouchi !

MADAME JOURDAIN.- Comment donc ?

MONSIEUR JOURDAIN.- Oui, il me faut porter du respect maintenant, et l'on vient de me faire *Mamamouchi*.

MADAME JOURDAIN.- Que voulez-vous dire avec votre *Mamamouchi* ?

MONSIEUR JOURDAIN.- *Mamamouchi*, vous dis-je. Je suis *Mamamouchi*.

MADAME JOURDAIN.- Quelle bête est-ce là ?

MONSIEUR JOURDAIN.- *Mamamouchi*, c'est-à-dire en notre langue, Paladin.

MADAME JOURDAIN.- Baladin ! Êtes-vous en âge de danser les ballets ?

MONSIEUR JOURDAIN.- Quelle ignorante ! Je dis Paladin ; c'est une dignité dont on vient de me faire la cérémonie.

MADAME JOURDAIN.- Quelle cérémonie donc ?

MONSIEUR JOURDAIN.- *Mahameta per Iordina.*

MADAME JOURDAIN.- Qu'est-ce que cela veut dire ?

MONSIEUR JOURDAIN.- *Iordina*, c'est-à-dire Jourdain.

MADAME JOURDAIN.- Hé bien quoi, Jourdain ?

MONSIEUR JOURDAIN.- *Voler far un Paladina de Iordina.*

MADAME JOURDAIN.- Comment ?

MONSIEUR JOURDAIN.- *Dar turbanta con galera.*

MADAME JOURDAIN.- Qu'est-ce à dire cela ?

MONSIEUR JOURDAIN.- *Per deffender Palestina.*

MADAME JOURDAIN.- Que voulez-vous donc dire ?

MONSIEUR JOURDAIN.- *Dara dara bastonara.*

MADAME JOURDAIN.- Qu'est-ce donc que ce jargon-là ?

MONSIEUR JOURDAIN.- *Non tener honta questa star l'ultima affronta.*

MADAME JOURDAIN.- Qu'est-ce que c'est donc que tout cela ?

MONSIEUR JOURDAIN danse et chante.- *Hou la ba ba la chou ba la ba ba la da* [2] .

MADAME JOURDAIN.- Hélas, mon Dieu, mon mari est devenu fou.

MONSIEUR JOURDAIN, sortant [3] .- Paix, insolente, portez respect à Monsieur le *Mamamouchi*.

MADAME JOURDAIN.- Où est-ce qu'il a donc perdu l'esprit ? Courons l'empêcher de sortir. Ah, ah, voici justement le reste de notre écu [4] . Je ne vois que chagrin de tous côtés.

Elle sort.

SCÈNE II

DORANTE, DORIMÈNE.

DORANTE.- Oui, Madame, vous verrez la plus plaisante chose qu'on puisse voir ; et je ne crois pas que dans tout le monde il soit possible de trouver encore un homme aussi fou que celui-là : et puis, Madame, il faut tâcher de servir l'amour de Cléonte, et d'appuyer toute sa mascarade. C'est un fort galant homme, et qui mérite que l'on s'intéresse pour lui.

DORIMÈNE.- J'en fais beaucoup de cas, et il est digne d'une bonne fortune [5] .

DORANTE.- Outre cela, nous avons ici, Madame, un ballet qui nous revient, que nous ne devons pas laisser perdre, et il faut bien voir si mon idée pourra réussir.

DORIMÈNE.- J'ai vu là des apprêts magnifiques, et ce sont des choses, Dorante, que je ne puis plus souffrir. Oui, je veux enfin vous empêcher vos profusions ; et pour rompre le cours à toutes les dépenses que je vous vois faire pour moi, j'ai résolu de me marier promptement avec vous. C'en est le vrai secret, et toutes ces choses finissent avec le mariage [6] .

DORANTE.- Ah ! Madame, est-il possible que vous ayez pu prendre pour moi une si douce résolution ?

DORIMÈNE.- Ce n'est que pour vous empêcher de vous ruiner ; et sans cela je vois bien qu'avant qu'il fût peu, vous n'auriez pas un sou.

DORANTE.- Que j'ai d'obligation, Madame, aux soins que vous avez de conserver mon bien ! Il est entièrement à vous, aussi bien que mon cœur, et vous en userez de la façon qu'il vous plaira.

DORIMÈNE.- J'userai bien de tous les deux. Mais voici votre homme ; la figure en est admirable.

SCÈNE III

MONSIEUR JOURDAIN, DORANTE, DORIMÈNE.

DORANTE.- Monsieur, nous venons rendre hommage, Madame, et moi, à votre nouvelle dignité, et nous réjouir avec vous du mariage que vous faites de votre fille avec le fils du Grand Turc.

MONSIEUR JOURDAIN, après avoir fait les révérences à la turque [7] .- Monsieur, je vous souhaite la force des serpents, et la prudence des lions.

DORIMÈNE.- J'ai été bien aise d'être des premières, Monsieur, à venir vous féliciter du haut degré de gloire où vous êtes monté.

MONSIEUR JOURDAIN.- Madame, je vous souhaite toute l'année votre rosier fleuri ; je vous suis infiniment obligé de prendre part aux honneurs qui m'arrivent, et j'ai beaucoup de joie de vous voir revenue ici pour vous faire les très humbles excuses de l'extravagance de ma femme.

DORIMÈNE.- Cela n'est rien, j'excuse en elle un pareil mouvement ; votre cœur lui doit être précieux, et il n'est pas étrange que la possession d'un homme comme vous puisse inspirer quelques alarmes.

MONSIEUR JOURDAIN.- La possession de mon cœur est une chose qui vous est toute acquise.

DORANTE.- Vous voyez, Madame, que Monsieur Jourdain n'est pas de ces gens que les prospérités aveuglent, et qu'il sait dans sa gloire [8] connaître encore ses amis.

DORIMÈNE.- C'est la marque d'une âme tout à fait généreuse.

DORANTE.- Où est donc Son Altesse Turque ? Nous voudrions bien, comme vos amis, lui rendre nos devoirs.

MONSIEUR JOURDAIN.- Le voilà qui vient, et j'ai envoyé quérir ma fille pour lui donner la main.

SCÈNE IV

CLÉONTE, COVIELLE, MONSIEUR JOURDAIN, etc.

DORANTE.- Monsieur, nous venons faire la révérence à Votre Altesse, comme amis de Monsieur votre beau-père, et l'assurer avec respect de nos très humbles services.

MONSIEUR JOURDAIN.- Où est le truchement, pour lui dire qui vous êtes, et lui faire entendre ce que vous dites. Vous verrez qu'il vous répondra, et il parle turc à merveille. Holà, où diantre est-il allé ? (À Cléonte.) *Strouf, strif, strof, straf.* Monsieur est un *grande segnore, grande segnore, grande segnore* ; et Madame une *granda Dama, granda Dama.* Ahi lui, Monsieur, lui *Mamamouchi* français, et Madame *Mamamouchie* française. Je ne puis pas parler plus clairement. Bon, voici l'interprète. Où allez-vous donc ? Nous ne saurions rien dire sans vous. Dites-lui un peu que Monsieur et Madame sont des personnes de grande qualité, qui lui viennent faire la révérence, comme mes amis, et l'assurer de leurs services. Vous allez voir comme il va répondre.

COVIELLE.- *Alabala crociam acci boram alabamen.*

CLÉONTE.- *Catalequi tubal ourin soter amalouchan.*

MONSIEUR JOURDAIN.- Voyez-vous ?

COVIELLE.- Il dit que la pluie des prospérités arrose en tout temps le jardin de votre famille.

MONSIEUR JOURDAIN.- Je vous l'avais bien dit, qu'il parle turc.

DORANTE.- Cela est admirable.

SCÈNE V

LUCILE, MONSIEUR JOURDAIN, DORANTE, DORIMÈNE, etc.

MONSIEUR JOURDAIN.- Venez, ma fille, approchez-vous, et venez donner votre main à Monsieur, qui vous fait l'honneur de vous demander en mariage.

LUCILE.- Comment, mon père, comme vous voilà fait ! Est-ce une comédie que vous jouez ?

MONSIEUR JOURDAIN.- Non, non, ce n'est pas une comédie, c'est une affaire fort sérieuse, et la plus pleine d'honneur pour vous qui se peut souhaiter. Voilà le mari que je vous donne.

LUCILE.- À moi, mon père !

MONSIEUR JOURDAIN.- Oui à vous, allons, touchez-lui dans la main [9] , et rendez grâce au Ciel de votre bonheur.

LUCILE.- Je ne veux point me marier.

MONSIEUR JOURDAIN.- Je le veux moi, qui suis votre père.

LUCILE.- Je n'en ferai rien.

MONSIEUR JOURDAIN.- Ah que de bruit. Allons, vous dis-je. Çà votre main.

LUCILE.- Non, mon père, je vous l'ai dit, il n'est point de pouvoir qui me puisse obliger à prendre un autre mari que Cléonte ; et je me résoudrai plutôt à toutes les extrémités, que de... (Reconnaissant Cléonte.) il est vrai que vous êtes mon père, je vous dois entière obéissance ; et c'est à vous à disposer de moi selon vos volontés.

MONSIEUR JOURDAIN.- Ah je suis ravi de vous voir si promptement revenue dans votre devoir ; et voilà qui me plaît, d'avoir une fille obéissante.

SCÈNE DERNIÈRE

MADAME JOURDAIN, MONSIEUR JOURDAIN, CLÉONTE, etc.

MADAME JOURDAIN.- Comment donc, qu'est-ce que c'est que ceci ? On dit que vous voulez donner votre fille en mariage à un carême-prenant [10] .

MONSIEUR JOURDAIN.- Voulez-vous vous taire, impertinente ? Vous venez toujours mêler vos extravagances à toutes choses, et il n'y a pas moyen de vous apprendre à être raisonnable.

MADAME JOURDAIN.- C'est vous qu'il n'y a pas moyen de rendre sage, et vous allez de folie en folie. Quel est votre dessein, et que voulez-vous faire avec cet assemblage [11] ?

MONSIEUR JOURDAIN.- Je veux marier notre fille avec le fils du Grand Turc.

MADAME JOURDAIN.- Avec le fils du Grand Turc !

MONSIEUR JOURDAIN.- Oui, faites-lui faire vos compliments par le truchement que voilà.

MADAME JOURDAIN.- Je n'ai que faire du truchement, et je lui dirai bien moi-même à son nez, qu'il n'aura point ma fille.

MONSIEUR JOURDAIN.- Voulez-vous vous taire, encore une fois ?

DORANTE.- Comment, Madame Jourdain, vous vous opposez à un bonheur comme celui-là ? Vous refusez Son Altesse Turque pour gendre ?

MADAME JOURDAIN.- Mon Dieu, Monsieur, mêlez-vous de vos affaires.

DORIMÈNE.- C'est une grande gloire, qui n'est pas à rejeter.

MADAME JOURDAIN.- Madame, je vous prie aussi de ne vous point embarrasser de ce qui ne vous touche pas.

DORANTE.- C'est l'amitié que nous avons pour vous, qui nous fait intéresser dans vos avantages [12] .

MADAME JOURDAIN.- Je me passerai bien de votre amitié.

DORANTE.- Voilà votre fille qui consent aux volontés de son père.

MADAME JOURDAIN.- Ma fille consent à épouser un Turc ?

DORANTE.- Sans doute.

MADAME JOURDAIN.- Elle peut oublier Cléonte ?

DORANTE.- Que ne fait-on pas pour être grand'dame ?

MADAME JOURDAIN.- Je l'étranglerais de mes mains, si elle avait fait un coup comme celui-là.

MONSIEUR JOURDAIN.- Voilà bien du caquet. Je vous dis que ce mariage-là se fera.

MADAME JOURDAIN.- Je vous dis, moi, qu'il ne se fera point.

MONSIEUR JOURDAIN.- Ah que de bruit.

LUCILE.- Ma mère.

MADAME JOURDAIN.- Allez, vous êtes une coquine.

MONSIEUR JOURDAIN.- Quoi, vous la querellez, de ce qu'elle n'obéit ?

MADAME JOURDAIN.- Oui, elle est à moi, aussi bien qu'à vous.

COVIELLE.- Madame...

MADAME JOURDAIN.- Que me voulez-vous conter, vous ?

COVIELLE.- Un mot.

MADAME JOURDAIN.- Je n'ai que faire de votre mot.

COVIELLE, à M. Jourdain.- Monsieur, si elle veut écouter une parole en particulier, je vous promets de la faire consentir à ce que vous voulez.

MADAME JOURDAIN.- Je n'y consentirai point.

COVIELLE.- Écoutez-moi seulement.

MADAME JOURDAIN.- Non.

MONSIEUR JOURDAIN.- Écoutez-le.

MADAME JOURDAIN.- Non, je ne veux pas écouter [13] .

MONSIEUR JOURDAIN.- Il vous dira...

MADAME JOURDAIN.- Je ne veux point qu'il me dise rien.

MONSIEUR JOURDAIN.- Voilà une grande obstination de femme ! Cela vous fera-t-il mal, de l'entendre ?

COVIELLE.- Ne faites que m'écouter, vous ferez après ce qu'il vous plaira.

MADAME JOURDAIN.- Hé bien, quoi ?

COVIELLE, à part.- Il y a une heure, Madame, que nous vous faisons signe. Ne voyez-vous pas bien que tout ceci n'est fait que pour nous ajuster aux visions de votre mari, que nous l'abusons sous ce déguisement, et que c'est Cléonte lui-même qui est le fils du Grand Turc ?

MADAME JOURDAIN.- Ah, ah.

COVIELLE.- Et moi, Covielle, qui suis le truchement.

MADAME JOURDAIN.- Ah comme cela, je me rends.

COVIELLE.- Ne faites pas semblant de rien.

MADAME JOURDAIN.- Oui, voilà qui est fait, je consens au mariage.

MONSIEUR JOURDAIN.- Ah voilà tout le monde raisonnable. Vous ne vouliez pas l'écouter. Je savais bien qu'il vous expliquerait ce que c'est que le fils du Grand Turc.

MADAME JOURDAIN.- Il me l'a expliqué comme il faut, et j'er suis satisfaite. Envoyons quérir un notaire.

DORANTE.- C'est fort bien dit. Et afin, Madame Jourdain, que vous puissiez avoir l'esprit tout à fait content, et que vous perdiez aujourd'hui toute la jalousie que vous pourriez avoir conçue de Monsieur votre mari, c'est que nous nous servirons du même notaire pour nous marier Madame, et moi.

MADAME JOURDAIN.- Je consens aussi à cela.

MONSIEUR JOURDAIN.- C'est pour lui faire accroire.

DORANTE.- Il faut bien l'amuser avec cette feinte.

MONSIEUR JOURDAIN.- Bon, bon. Qu'on aille vite quérir le notaire [14] .

DORANTE.- Tandis qu'il viendra, et qu'il dressera les contrats, voyons notre ballet, et donnons-en le divertissement à Son Altesse Turque.

MONSIEUR JOURDAIN.- C'est fort bien avisé, allons prendre nos places.

MADAME JOURDAIN.- Et Nicole ?

MONSIEUR JOURDAIN.- Je la donne au truchement ; et ma femme, à qui la voudra.

COVIELLE.- Monsieur, je vous remercie. Si l'on en peut voir un plus fou, je l'irai dire à Rome [15] .

La comédie finit par un petit ballet qui avait été préparé.

PREMIÈRE ENTRÉE

Un homme vient donner les livres du ballet, qui d'abord est fatigué par une multitude de gens de provinces différentes, qui crient en musique pour en avoir, et par trois Importuns qu'il trouve toujours sur ses pas.

DIALOGUE DES GENS
qui en musique demandent des livres.

TOUS

À moi, Monsieur, à moi de grâce, à moi, Monsieur,
Un livre, s'il vous plaît, à votre serviteur.

HOMME DU BEL AIR

Monsieur, distinguez-nous parmi les gens qui crient.
Quelques livres ici, les dames vous en prient.

AUTRE HOMME DU BEL AIR

Holà ! Monsieur, Monsieur, ayez la charité
D'en jeter de notre côté.

FEMME DU BEL AIR

Mon Dieu ! qu'aux personnes bien faites,
On sait peu rendre honneur céans.

AUTRE FEMME DU BEL AIR

Ils n'ont des livres et des bancs,
Que pour Mesdames les grisettes.

GASCON

Aho ! l'homme aux libres, qu'on m'en vaille,
J'ai déjà lé poumon usé,
Bous boyez qué chacun mé raille,
Et jé suis escandalisé
De boir és mains dé la canaille,
Cé qui m'est par bous refusé.

AUTRE GASCON

Eh cadédis, Monseu, boyez qui l'on pût être ;
Un libret, je bous prie, au varon d'Asbarat.

Jé pense, mordy, qué lé fat
N'a pas l'honnur dé mé connaître.

LE SUISSE

Mon'-sieur le donneur de papieir,
Que veul dir sti façon de fifre,
Moy l'écorchair tout mon gosieir
À crieir,
Sans que je pouvre afoir ein lifre ;
Pardy, mon foi, Mon'-sieur, je pense fous l'être ifre.

VIEUX BOURGEOIS BABILLARD

De tout ceci, franc et net,
Je suis mal satisfait ;
Et cela sans doute est laid,
Que notre fille
Si bien faite et si gentille,
De tant d'amoureux l'objet,
N'ait pas à son souhait
Un livre de ballet,
Pour lire le sujet
Du divertissement qu'on fait,
Et que toute notre famille
Si proprement s'habille,
Pour être placée au sommet
De la salle, où l'on met
Les gens de Lantriguet :
De tout ceci, franc et net
Je suis mal satisfait,
Et cela sans doute est laid.

VIEILLE BOURGEOISE BABILLARDE

Il est vrai que c'est une honte,
Le sang au visage me monte,

Et ce jeteur de vers qui manque au capital,
L'entend fort mal ;
C'est un brutal,
Un vrai cheval,
Franc animal,
De faire si peu de compte
D'une fille qui fait l'ornement principal
Du quartier du Palais-Royal,
Et que ces jours passés un comte
Fut prendre la première au bal.
Il l'entend mal,
C'est un brutal,
Un vrai cheval,
Franc animal.

HOMMES ET FEMMES DU BEL AIR

Ah ! quel bruit !
Quel fracas !
Quel chaos !
Quel mélange !

Quelle confusion !
Quelle cohue étrange !
Quel désordre !
Quel embarras !
On y sèche.
L'on n'y tient pas. GASCON Bentré jé suis à vout. AUTRE
GASCON J'enrage, Diou mé damne. SUISSE Ah que ly faire sai
dans sty sal de cians. GASCON Jé murs. AUTRE GASCON Jé
perds la tramontane. SUISSE Mon foi ! moi le foudrais être hors
de dedans.

VIEUX BOURGEOIS BABILLARD

Allons, ma mie,
Suivez mes pas,

Je vous en prie,
Et ne me quittez pas,
On fait de nous trop peu de cas,
Et je suis las
De ce tracas :
Tout ce fatras,
Cet embarras
Me pèse par trop sur les bras :
S'il me prend jamais envie
De retourner de ma vie
À ballet ni comédie,
Je veux bien qu'on m'estropie.
Allons, ma mie,
Suivez mes pas,
Je vous en prie,
Et ne me quittez pas,
On fait de nous trop peu de cas.

VIEILLE BOURGEOISE BABILLARDE

Allons, mon mignon, mon fils,
Regagnons notre logis,
Et sortons de ce taudis,
Où l'on ne peut être assis ;
Ils seront bien ébaubis
Quand ils nous verront partis.
Trop de confusion règne dans cette salle,
Et j'aimerais mieux être au milieu de la Halle ;
Si jamais je reviens à semblable régale,
Je veux bien recevoir des soufflets plus de six.
Allons, mon mignon, mon fils,
Regagnons notre logis,
Et sortons de ce taudis,
Où l'on ne peut être assis.

TOUS

À moi, Monsieur, à moi de grâce, à moi, Monsieur :
Un livre, s'il vous plaît, à votre serviteur.

SECONDE ENTRÉE

Les trois Importuns dansent.

TROISIÈME ENTRÉE

TROIS ESPAGNOLS chantent.

Sé que me muero de amor,
Y solicito el dolor.

Aun muriendo de querer
De tan buen ayre adolezco
Que es mas de lo que padezco
Lo que quiero padecer
Y no pudiendo exceder
A mi deseo el rigor.

Sé que me muero de amor,
Y solicito el dolor.

Lisonxeame la suerte
Con piedad tan advertida,
Que me assegura la vida
En el riesgo de la muerte
Vivir de su golpe fuerte
Es de mi salud primor.

Sé que, etc.

Six Espagnols dansent.

TROIS MUSICIENS ESPAGNOLS

Ay ! que locura, con tanto rigor
Quexarse de Amor

Del niño bonito
Que todo es dulçura
Ay que locura,
Ay que locura.

ESPAGNOL, chantant.

El dolor solicita
El que al dolor se da
Y nadie de amor muere
Sino quien no save amar.

DEUX ESPAGNOLS

Dulce muerte es el amor
Con correspondencia ygual,
Y si esta gozamos o
Porque la quieres turbar ?

UN ESPAGNOL

Alegrese enamorado
Y tome mi parecer
Que en esto de querer
Todo es hallar el vado.

TOUS TROIS ensemble.

Vaya, vaya de fiestas,
Vaya de vayle,
Alegria, alegria, alegria,
Que esto de dolor es fantasia.

QUATRIÈME ENTRÉE

ITALIENS

UNE MUSICIENNE ITALIENNE

fait le premier récit, dont voici les paroles :

Di rigori armata il seno
Contro amor mi ribella,
Ma fui vinta in un baleno
In mirar duo vaghi rai,
Ahi che resiste puoco
Cor di gelo a stral di fuoco.

Ma si caro è'l mio tormento
Dolce è sí la piaga mia,
Ch'il penare è'l mio contento,
E'l sanarmi è tirannia.
Ahi che più giova, e piace
Quanto amor è più vivace.

Après l'air que la Musicienne a chanté, deux Scaramouches,
deux Trivelins et un Arlequin représentent une nuit à la
manière des comédiens italiens, en cadence.
Un Musicien italien se joint à la Musicienne italienne, et chante
avec elle les paroles qui suivent :

LE MUSICIEN ITALIEN

Bel tempo che vola
Rapisce il contento,
D'Amor nella scola
Si coglie il momento.

LA MUSICIENNE

Insin che florida
Ride l'età
Che pur tropp' orrida
Da noi sen và.

TOUS DEUX

Sù cantiamo,
Sù godiamo
Né bei dì di gioventù :
Perduto ben non si racquista più.

MUSICIEN

Pupilla che vaga
Mill' alme incatena,
Fà dolce la piaga
Felice la pena.

MUSICIENNE

Ma poiche frigida
Langue l'età,
Più l'alma rigida
Fiamme non ha.

TOUS DEUX

Sù cantiamo, etc.

Après le dialogue italien, les Scaramouches et Trivelins dansent
une réjouissance.

CINQUIÈME ENTRÉE

FRANÇAIS

PREMIER MENUET

DEUX MUSICIENS POITEVINS
dansent, et chantent les paroles qui suivent.

Ah ! qu'il fait beau dans ces bocages,
Ah ! que le Ciel donne un beau jour.

AUTRE MUSICIEN

Le rossignol, sous ces tendres feuillages,
Chante aux échos son doux retour :

Ce beau séjour,
Ces doux ramages,
Ce beau séjour
Nous invite à l'amour.

SECOND MENUET

TOUS DEUX ensemble.

Vois ma Climène,
Vois sous ce chêne
S'entre-baiser ces oiseaux amoureux ;
Ils n'ont rien dans leurs vœux
Qui les gêne,
De leurs doux feux
Leur âme est pleine.
Qu'ils sont heureux !
Nous pouvons tous deux,
Si tu le veux,
Être comme eux.

Six autres Français viennent après, vêtus galamment à la poitevine, trois en hommes, et trois en femmes, accompagnés de huit flûtes et de hautbois, et dansent les menuets.

SIXIÈME ENTRÉE

Tout cela finit par le mélange des trois nations, et les applaudissements en danse et en musique de toute l'assistance, qui chante les deux vers qui suivent :

Quels spectacles charmants, quels plaisirs goûtons-nous !
Les Dieux mêmes, les Dieux, n'en ont point de plus doux.

1] Principalement durant le carnaval, des bandes de masques allaient de maison en maison proposer une partie de dés sans revanche, le *momon*. De là l'expression *porter le momon*.

2] VAR. *et tombe par terre* (1682).

3] VAR. *se relevant et s'en allant*. (1682)

4] *Le reste de notre écu* : "Quand on voit venir un importun en une compagnie, on dit : voilà le reste de notre écu" Dictionnaire de Furetière, 1690).

5] *D'une bonne fortune* : d'un sort heureux.

6] VAR. avec le mariage, comme vous savez (1682).

7] *Faire la révérence à la turque* consistait à se toucher de la main droite la bouche et le front avant de s'incliner.

8] VAR. et qu'il sait dans sa grandeur (1682).

9] *Touchez-lui dans la main* : en signe de consentement et d'accord.

10] On appelle ordinairement des *carême-prenants* ceux qui courent en masques mal habillés dans les rues pendant les jours gras. On dit encore d'une personne vêtue d'une manière extravagante que *c'est un vrai carême-prenant*. (Dictionnaire de l'Académie1694).

11] *Cet assemblage* : terme inhabituel et méprisant, à la place d'union ou d'alliance.

12] Qui nous porte à nous intéresser à ce qui est avantageux pour vous.

13] VAR. Non, je ne veux pas l'écouter (1682).

14] VAR. Qu'on aille quérir le notaire (1682).

[15] Il semble que ce tour était proverbial.

Made in the USA
Columbia, SC
19 July 2020